図解 論語

正直者がバカをみない生き方

齋藤 孝

ウェッジ

はじめに――論語の正しいリスペクト方法

私が初めて論語に出合ったのは、高校生の夏休み。「論語を一冊読む」という宿題がきっかけでした。手に取ってすぐ〝これは自分にフィットする〟という感覚を抱いたことを覚えています。孔子が語る実践的な合理主義に、自分自身が反応したのです。

漢文の中には、机上の空論のような論理を弄ぶものも多くあります。しかし、論語は違いました。

孔子は自分が政治に関わりたいと願いつつ、弟子たちにたくさんの言葉をつぶやいていました。弟子たちはその言葉を、孔子が達せられなかった思いも含めて記録していったのです。そこには、〝人生を十全に生き切りたい〟という孔子の意欲がありました。〝この社会をよくしたい〟という志こそが人生の実践であり、社会を変えていくための実践でもある。その実践する生き方に、高校生の私は非常に共感したのです。

後に、孔子の弟子を描いた中島敦の小説『弟子』や、下村湖人の『論語物語』を読んだことで、論語の一言一言が人間ドラマとして頭の中に描けるようになっていきました。そして、いつか自分で論語を訳したいと思うようになり、ようやく昨年『現代語訳　論語』

（ちくま新書）を著すことができました。

これほど論語への思いが続くのは、ふとした瞬間に論語の言葉がわいてきて、勇気づけられることが多いからです。

人生には、いろいろなことが起きます。ちょっとしたことで心配事がふくらんでくよくよしたり、気力を失ったり、心が荒れたりすることはよくあります。バランスよく心を保っていくことは至難の業なのです。

そんなとき、論語の言葉が浮かぶと、バランスを取り戻すことができる。〝味方が自分の心の中にいる〟という気分になります。しかもその味方が孔子だというのは、なんと心強いことでしょうか。

本書では、私が好きな論語を「すっきり読んでもらう」ことを意識しました。

孔子の言葉はもともとすっきりしていますが、なにしろ二五〇〇年も前の文章です。書き下し文は難しいし、全編読み通すのもしんどいものです。

そこで、どの言葉にもわかりやすい図を作ることを試みました。「論語」と「図解」という組み合わせはミスマッチな印象を与えるかもしれませんが、孔子の言葉はいつもスパッと一言で言い切っているので、図にも起こしやすい。私たちは論語へのリスペクト意識が強すぎるため、難しく考えがちですが、図が入ることによって本質はすっきりと見えてきます。

論語を〝何だかすごそう〟〝いいことが書いてありそう〟とぼんやりとらえるのではなく、図を頭に入れて理解し、実践して自分のワザにする。実際に行動してみると、〝孔子の言葉はやっぱり確かだった〟と体得するでしょう。そしてまた、たびたび図を思い返し、自分の行動の指針にしてほしいのです。私はこれを、論語に対する「正しいリスペクト方法」として提唱したいと思います。

日本には、心の骨格を論語で作ってきた時代がありました。江戸時代の寺子屋のテキストにも、論語は当然のように使われていました。その時代に生きた人にとって、論語のメッセージは当たり前のものでした。生まれ落ちて物心ついたときには、自分の心が論語によって構築されていました。繰り返し言葉にして馴染んできた伝統があったので、基本がブレにくい。つまり、心の耐震構造がしっかりできていたのです。

幕末、明治維新、そして近代になり、日本の建物の耐震構造は飛躍的に進歩しました。しかし、心の耐震構造はどうかというと、決して強くなってはいません。特に、現代のように右肩上がりの経済状況は望めない時代、心はぐらぐらと不安定になりがちです。耐震構造を持っていなければ、誰だって揺らぎます。こんなときこそ、心の耐震構造をしっかりさせてくれる思想が必要です。

論語は一見古くさく感じるかもしれません。しかし、社会の本質や人間の本質は、二五〇〇年前とさして変わっていません。古代における孔子の言葉は、シンプルに本質をついている分、心に響きます。図を頭に入れてすっきりと理解すれば、あなたの心の骨格をしっかり支えてくれるものになるでしょう。

齋藤 孝

※本書で引用した『論語』の書き下し文は、金谷治訳注『論語』（岩波文庫）に拠りました。一部文字遣いや語句については変更した箇所があります。書き下し文の後の括弧は、岩波文庫版で示されている編と章番号を表しています。

図解　論語　もくじ

はじめに……001

第一章　仕事編

正しい仕事の得方……014
仁者は難きを先にして獲るを後にす。
（雍也第六の二二）

正しいチャレンジ……020
今汝は画れり。
（雍也第六の一二）

正しい心配事のなくし方……025
人にして遠き慮りなければ、必ず近き憂いあり。
（衛霊公第十五の一二）

正しい失敗……030
過ちて改めざる、これを過ちと謂う。
（衛霊公第十五の三〇）

正しいトラブル対処法……035
君子は諸を己に求む。小人は諸を人に求む。
（衛霊公第十五の二一）

正しいイノベーション……038
過てば則ち改むるに憚ること勿かれ。
（学而第一の八）

正しいリーダーとしての在り方……044
民は信なくんば立たず。
（顔淵第十二の七）

正しい信頼のされ方……048
君子は言に訥にして、行に敏ならんと欲す。
（里仁第四の二四）

正しい部下とのつきあい方……051
君子の道四つ有り。其の己を行うや恭、其の上に事うるや敬、其の民を養うや恵、其の民を使うや義。
（公冶長第五の一六）

第二章　人間関係編

正しい友の作り方……058
忠信を主とし、己に如かざる者を友とすること無かれ。
（子罕第九の二五）

正しい人の見方……063
其の以す所を視、其の由る所を観、其の安んずる所を察すれば、人焉んぞ廋さんや、人焉んぞ廋さんや。
（為政第二の一〇）

正しい協調性……067
君子は和して同ぜず。小人は同じて和せず。
（子路第十三の二三）

正しい心配……073
人の己を知らざることを患えず、人を知らざることを患う。
（学而第一の一六）

正しいキレ方……077
朽木は雕るべからず、糞土の牆は杇るべからず。
（公冶長第五の一〇）

正しい突き落とし方……081
子貢が曰わく、我れ人の諸を我れに加えんことを欲せざるは、吾れ亦た諸を人に加うること無からんと欲す。子の曰わく、賜や、爾の及ぶ所に非ざるなり。
（公冶長第五の一二）

正しいプレゼント……087
己の欲せざる所は人に施すこと勿かれ。
（顔淵第十二の二）

正しいモテ方……092
徳は孤ならず。必ず鄰あり。
（里仁第四の二五）

第三章　学び編

正しい学び方……098

学んで思わざれば則ち罔し。思うて学ばざれば則ち殆うし。

（為政第二の一五）

正しいワザとしての引用力……103

斉の景公、馬千駟あり。死するの日、民徳として称すること無し。伯夷・叔斉、首陽の下に餓う。民今に到るまでこれを称す。其れ斯れをこれ謂うか。

（季氏第十六の一二）

正しい基本……107

小子、何ぞ夫の詩を学ぶこと莫きや。詩は以て興こすべく、以て観るべく、以て群すべく、以て怨むべし。邇くは父に事え、遠くは君に事え、多く鳥獣草木の名を識る。

（陽貨第十七の九）

正しい知恵のつけ方……110

述べて作らず、信じて古を好む。窃かに我が老彭に比す。

（述而第七の一）

正しい理解……115

これを知るをこれを知ると為し、知らざるを知らずと為せ。是れ知るなり。

（為政第二の一七）

正しい楽しみ方……121

これを知る者はこれを好む者に如かず。これを好む者はこれを楽しむ者に如かず。

（雍也第六の二〇）

正しい努力……127

切するが如く磋するが如く、琢するが如く磨するが如し。

（学而第一の一五）

正しい柔軟性の保ち方……133
子、四を絶つ。意なし。必なし。固なし。我なし。
（子罕第九の四）

正しい姿勢……141
哀公問う、弟子、孰か学を好むと為す。孔子対えて曰わく、顔回なる者あり、学を好む。怒りを遷さず、過ちを弐たびせず。不幸、短命にして死せり。今や則ち亡し。未だ学を好む者を聞かざるなり。
（雍也第六の三）

正しい現状維持……147
学は及ばざるが如くするも、猶おこれを失わんことを恐る。
（泰伯第八の一七）

第四章　生き方編

正しい自分の作り方……152

性、相近し。習えば、相遠し。
（陽貨第十七の二）

正しい軸の作り方……158

吾が道は一以てこれを貫く。
（里仁第四の一五）

正しいスタイル……163

知者は水を楽み、仁者は山を楽む。知者は動き、仁者は静かなり。知者は楽しみ、仁者は寿し。
（雍也第六の二三）

正しい人間性チェック……169

君子に九思あり。視るには明を思い、聴くには聡を思い、色には温を思い、貌には恭を思い、言には忠を思い、事には敬を思い、疑わしきには問いを思い、忿りには難を思い、得るを見ては義を思う。
（季氏第十六の一〇）

正しい満足……173

中庸の徳たるや、其れ至れるかな。
（雍也第六の二九）

正しい在り方……180

知者は惑わず、仁者は憂えず、勇者は懼れず。
（子罕第九の三〇）

正しいバランス……185

質、文に勝てば則ち野。文、質に勝てば則ち史。文質彬彬として然る後に君子なり。
（雍也第六の一八）

正しい反省……189

吾れ日に三たび吾が身を省る。人の為に謀

りて忠ならざるか、朋友と交わりて信ならざるか、習わざるを伝うるか。
(学而第一の四)

正しい安定感……195
老者はこれを安んじ、朋友はこれを信じ、少者はこれを懐けん。
(公冶長第五の二六)

正しい信念……200
内に省みて疚しからずんば、夫れ何をか憂え何をか懼れん。
(顔淵第十二の四)

正しい判断……204
君子は義に喩り、小人は利に喩る。
(里仁第四の一六)

正しいやめどき……209
止むは吾が止むなり。……進むは吾が往くなり。
(子罕第九の一九)

正しい「個」の作り方……212
二三子、我れを以て隠せりと為すか。吾れは爾に隠すこと無し。吾れ行うとして二三子と与にせざる者なし。是れ丘なり。
(述而第七の二三)

正しい「個」の保ち方……216
諾。吾れ将に仕えんとす。
(陽貨第十七の一)

おわりに……222

編集協力――菅　聖子

第一章　仕事編

正しい仕事の得方

仁者《じんしゃ》は難《かた》きを先にして獲《う》るを後《のち》にす。（雍也第六の二二）

――仁の人は難しいことを先にやり、自分の利益を後回しにする。

新人は、報酬よりも先に働け

「面倒なことは先にしてしまい、自分の利益になることは後にする」

これは孔子の一貫した考えで、交渉術でもありました。孔子自身は士官の道を志していましたが、王を援助するという立場なので、就職しなければなりません。つまり、人に認めてもらう必要があったのです。

仁者とは、ブレがなく、懐が深く、落ち着いて穏やかな人を指します。就職などの交渉をするとき「自分の報酬がこれくらいならやります」と言い続ける人には、「仁」がありません。

今の時代は、経験もない若者の報酬を先に保障するというのは、企業にとっても難しい話です。

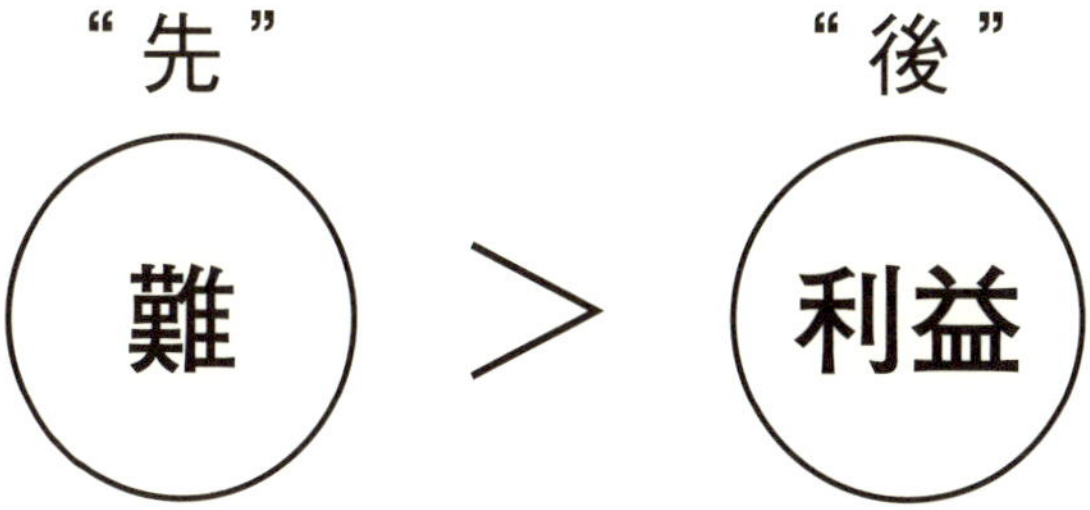

“タダでもいいので、働かせてほしい”
という気持ちが大事

それならまずは、先に働いてみる。「報酬のことは、その後に考えていただいても結構です」と言うくらいのほうが、会社としては使いやすいのです。さらに言えば、「報酬はいりません。勉強になるからやらせてください」と言えれば、一番いい。その方法で会社の中に入り込めば、必ず報酬は後からついてきます。

たとえば、自分がどうしても入りたいアルバイト先があったとします。新聞社や出版社で編集の手伝いをしたい。単なる労働ではなく、やりたい仕事につながるアルバイトをやってみたいと思っていたとしましょう。

私の知り合いの出版社の人は「タダで手伝ってくれる学生はいないかな」と言っているときがしばしばあります。そんなとき「紹介したくても、タダではできないよ」と答えるのですが、〝出版社や新聞社の仕事を覚えたい、その世界で食べていきたい〟と思っている人なら、報酬はともかくとりあえず働くといい。

学生だから、時間はたっぷりあるでしょう。普通のアルバイトをすれば時給千円でお金は稼げる。しかし、発展性はない。一方こちらの仕事は、報酬はほぼ見込めないけれど、仕事は覚えられる。あるいは人脈ができるという発展性がある。ならば、そちらで働いたほうがいいのです。

「将来の仕事にもつながると思うので、タダでやらせてください」と働いているうち、人としてまともな感覚を持っている雇用者なら、さすがに悪いと思うようになってきます。「あの子、タダなのによく働くね」となると、続けてほしくなります。そうすると「時給を払おう」という気持ちになるし、さらにはアルバイトから引き上げられて「社員になる?」と言われることもある。私は実際に、そういう人を知っています。

今の時代は仕事がないと言われますが、「タダで使ってください」とか「時給五百円でいいです」と言うと、雇いたくなるものです。使ってみたら意外にいい。そして、こちら側も自分からお給料を上げてほしいとは言わないで、頑張ってみる。そうすると、一気に評価が上がって「今どき珍しいヤツだ」と言われるようになります。利益や報酬よりも、「難き」を先にするのです。

交渉は順番が大事

『姿三四郎』（富田常雄）に、こんな話があります。

明治時代、柔術はすたれていました。各流派が得意技を守ることに固執したため、文明開化と同時に衰退の一途をたどってしまったのです。柔術家たちは支援者を求め、大金持ちの旦那に会いに行きました。

「柔術のために、なんとか力を貸してもらえないでしょうか」

その席には、樽酒が出てきました。柔術家たちはまず、それを飲んでしまいます。大旦那は彼らに聞きました。

「みなさんは、どういうつもりで柔術を復興しようと思われているのですか？」

「なにしろこういう時代なので、我々も生活が厳しいのです」

酒を飲んだ柔術家たちが本音を言うと、大旦那は「なるほど」と答え、「それは、お引き受けできかねますな」と言いました。

「文明開化の世の中で、日本の本来の姿が忘れられようとしている。柔術で日本人の精神を守っていくというのなら、私は一も二もなくお金を出したでしょう」

大旦那の言葉に、柔術家たちは慌てて弁解します。

「いやいや、それは我々も思うところです。話の順序が違っただけではありませんか」

しかし、大旦那は言いました。

「順序が先になるか、後になるかは、私にはもっとも大事なことです」

帰り道、柔術家たちは、「あいつは本当は金を出したくないだけだ」と口々に批判しますが、桧垣源之助だけは「あの方は器が違う」と言いました。

その後、大旦那が誰にお金を出したかというと、矢野正五郎でした。しかも大旦那のほうから、「なんとか君に柔術を立て直してもらいたい」と頼むのです。

矢野正五郎のモデルは嘉納治五郎。今の日本の柔道があるのは、嘉納治五郎が柔術を統合したおかげと言われています。日本の武道の精神を残すため、各派に分かれ衰えかけていた柔術の極意を、ひとところに集めたのが嘉納治五郎でした。

「国民一人ひとりが、柔道着を持って道場に通う日を実現してみせる」

このような志を持つ人であり、だからこそ大旦那は彼にお金を出しました。交渉にはやはり、順序が大事なのです。

ところで、経験を積んだ大人の場合、お金の交渉をきっちり行うことは非常に重要です。たとえば、テレビ局などでは放送が終わるまでギャラの話がない、ということがよくあります。本来仕事というのは、それでは受けられません。放送後に交渉するのでは、非常に不利な状況になってしまうからです。額を提示され、「受ける、受けない」はこちらが決める。それが筋というものです。

交渉が可能な人の場合はそうなりますが、自分が弱い立場だった場合は、話が変わってきます。たとえば、売れていない若手芸人などは、タダでも番組に出たほうがいい。むしろ、お金を払ってでも出たほうがいいのです。

イラストレーターのしりあがり寿さんは、「どんな仕事も断れないんです」と言っていました。断って、次の仕事が来なくなることを思うと、怖くて断れないというのです。断れないから、あれほどの仕事量をこなしている。ただし、選り好みしないことで、思わぬ仕事も引き受ける。そうすると、いつの間にか自分の幅が広がっているというのです。

あれほど一流の人が、そういう気持ちで仕事をしているというのは驚きであり、勉強になる話です。

正しいチャレンジ

今汝《なんじ》は画《かぎ》れり。（雍也第六の一二）

――今おまえは、自分で自分の限界をあらかじめ設定して、やらない言い訳をしているのだ。

自分の限界を決めつけるな

孔子の弟子の冉求《ぜんきゅう》が言いました。

「先生のおっしゃる道はわかりますが、なかなか思うようには実践できません」

すると、孔子が内心でかなり怒りながら言いました。

「ちゃんとやりきろうとする人間は、途中で倒れるくらいまでやるのだよ。おまえは倒れるほどやってないじゃないか。自分のことを、おまえは今、限定してしまった」

つまり、冉求の言葉は「自分のできる範囲はこれくらいだ」と謙遜しているように聞こえますが、それは謙遜ではなく、自分を守りに入れて大事にしているだけ。徹底的に努力して、倒れるところまでやるという勇気がありません。それを孔子は、「今汝は画れり」

限界を作らない＝自信がついてくる

と言い切ったのです。

非常に厳しい言葉ですが、よく考えるとこれは、自分自身に対して言うのがふさわしい瞬間が、誰にでもあります。

たとえば〝そんなことを言われても、無理、無理〟と、つい私たちは決めつけてしまいます。しかし、やってみないとわからない。そして、実際にやってみれば、それほど大変ではなかったということも多いのです。

あらかじめ自分で限界を設定してしまいそうになったとき、この言葉を覚えていると勇気がわき、チャレンジ精神も生まれてきます。

目標を立てるときにも〝自分の実力ならこのあたりだろう〟と思っているラインより、少し上を目指してやってみる。そうすると、頑張ってギリギリで達成できることがあります。それができたら、次はさらに少し上を目標にしてみるのです。

これを二、三回繰り返していくと、最初に〝ここが限界〟だと思ったところは軽々と超えていた、ということがあります。最初から限界を設定するというのは、実はマイナス面がとても大きいのですね。たいていのことは〝できる〟と思ったほうがうまくいくのです。

自分自身を守りに入れると、安心はできます。しかし、「いやいや、私はとてもそこまではいけません。先生の言ったようにはできません」と、守りに入った瞬間に、スイッチがオフになってしまいます。スイッチオフのままでは、そこを超えていくことは絶対にできません。

小学生など小さな子どもは、うまく乗せるとどこまでも超えていきます。ですから、自分の限界を設定することをやめさせる、ということが大事。突破する自信をつけさせるのです。そして突破したら、そのたびに「ほら、できたね！」と褒めまくります。

たとえば速読に挑戦するのに、「今からこの二ページを三十秒で読んでみるよ。じゃあ、やってみよう！」と言うと、子どもは「無理、無理」と騒ぎます。ところが、最初にストップウォッチで測ってみて、「今のは四十秒かかった。もう一回やってみよう」。こうして具体的にやっていくと、タイムが縮まっていきます。そして「じゃあ、三十秒を切るまでやるよ」と言うと、本当に三十秒を切っていく。

「最初に君たちは無理って言ったよね。でも、できたでしょう？」

突破できると、はっきり認識させることが大事です。
「無理だと思ってチャレンジしなければ、ずっと無理なんだよ」と。

まだ上にいける

先日、ＮＨＫの「あさイチ」という番組で、私が研究している呼吸法の話をする機会がありました。そして、呼吸法の前後に単純な計算テストをやって、点数が伸びるかどうかを試してみました。以前、高校生に実験してもらったときは、呼吸法の後のテストの点数が非常に伸びたのです。

ところが、今回集まった人たちは、ＮＨＫの就職内定者を含むとても優秀な人たち。疲れて集中力が落ち、点数が下がったところで呼吸法に移ろうと思っていたら、七回やっても八回やってもテストの成績が落ちません。ギリギリまで疲れているはずなのに、それでも高得点を連発するのです。私は途中であきらめました。

「集中力が落ちないようですが、ここで呼吸法をやってみましょう」

鼻から息を吸って止め、臍下丹田を意識してゆっくり吐いていきます。この呼吸法をして、またテストに戻りました。そうしたらなんと、平均点がさらに二十点ほど伸びたのです。

「あれほど高得点だったのに、まだ二十点も伸びるのか！」

改めて、私は驚きました。参加者たちも、そこが自分の能力の限界だと思っていました。いくらよくできる人でも、七回も八回もテストをしたら、もうそれ以上は無理という気持ちになるものです。しかし、限界ではありませんでした。「まだ上にいけた」とわかり、改めて〝限界は設定してはいけないのだ〟と思わされました。呼吸法一つで、限界を突き抜けられたのです。

速読の練習でも同じです。はじめはこんなスピードでは読めないと思っているけれど、目の運動や速読の呼吸法をして、「せーの！」で取り組むと、どんどん時間が短くなってくる。『スポーツ速読完全マスターＢＯＯＫ』という本に「速読をすると、速い球を打てるようになる」と書かれていたため、私は呼吸法とセットにして自分で実験してみました。速読は目を動かす訓練になるのです。

近くのバッティングセンターに子どもと行ってみたら、結構打てました。「おー、いつもとは全然違うね」という感じでした。

だまされたと思ってやってみることで、本当に突破できることがある。そういう意味で「自分で限界を設定しない」のが、正しいチャレンジの仕方。無理だと思わずに、とにかくやってみることが大事です。

正しい心配事のなくし方

人にして遠き慮《おもんぱか》りなければ、必ず近き憂いあり。（衛霊公第十五の一二）

――人として、遠くまで見通す配慮がないようでは、きっと身近な心配事が起こる。

意識の線を広げる

「遠き慮り」という言葉は、「遠慮」とは少しニュアンスが違います。

「慮り」という字を「おもんぱかり」と読めない学生も増えていますが、慮は「配慮」の慮であり、「思慮」の慮。つまり、「慮る」というのは、「思いをめぐらす」とか、「よくよく考える」という意味です。

「慮」という一文字に表される感覚を、私は学生たちにいつも意識するよう言っています。先のことに思いをめぐらすと、見えてくるものがあるからです。

たとえば、大学生は夏休みに、子どもたちとキャンプに行ったりします。ところがここで慮りが足りないと、ミスが起きてしまいます。遠くのことを慮っていれば、安心してキャンプに臨めるし、身近にある心配事を排除することもできるのです。

「遠き慮り」には、練習が必要です。最初のうちは、なかなか遠いところまで思慮をのばすことができません。

そういう人に必要なのは、具体的にシミュレーションをすること。キャンプに行くのなら、こういうときにはこうすると、様々なケースを考えておくのです。あらゆる場合を想定し、意識の線を広げておくことが必要です。

たとえば、子どもがケガをしたときのために、どんな準備をしているか。薬箱を持っているか、その中には何が入っているかなど、チェックが必要な項目を書き並べます。

特にキャンプのように子どもたちの命を預かるときには、広い方向に意識が張られていないといけません。意識の線がのびていないと、本当にケガをしたとき、想定外のことに慌て、パニックになってしまうからです。

こうして考えていくと、保護者の連絡先をまとめた名簿が必要なことや、医療施設がどこにあるかを把握すること、川の近くに行くのはやめておこうとか、様々な問題が浮かび上がってくるはずです。

救急用品は準備したか、連絡系統は大丈夫か、考えが足りない部分や空白だった部分も見えてきます。

こういうときは、二、三人で「慮りシート」を作ってリストアップするのが効果的です。全方位的に配慮すべきことを、数人で考える。一人では考えがまとまらなくても、三人

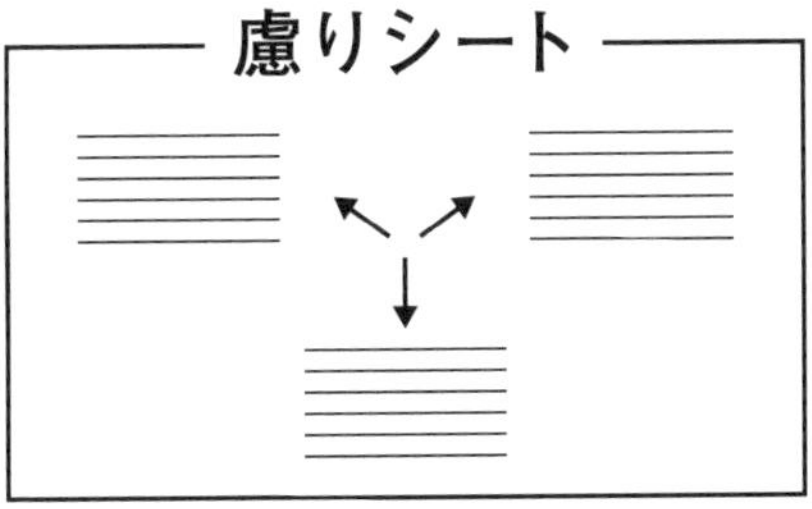

長期的目標を持つ
↓
逆算して物事を考える（とらえる）
↓
心配事がなくなる

くらいで「遠き慮り」を意識すると、〝念のため、これも準備しておこう〟とか、〝保護者に質問されたときには、こう答えるようにしておこう〟とか、一気にまとめることができます。

そうすれば、「なんとなく悩む」とか「なんとなく心配」ということがなくなってくる。ぐちゃぐちゃ悩んでいる時間があるのなら、リストアップしたほうが話が早いのです。

目標から逆算して考える

話し合った内容をリストアップし、「慮りシート」の中に書き込んだら、心配事は端からつぶしていきます。

「こういう場合には、先生に電話しよう」
「手段は〝tel〟と書いておけばいいね」
「これ以外のことが起きたときは、現場で対処方法を考えよう」

システムさえはっきりしていれば、「近き憂い」はなくなっていきます。

孔子は、先のことを考えて行動することの大切さを説きましたが、現代においてこれは予見力であり、心配事をなくす方法です。

心配事があるとき、感情的に処理しようとする人が多くいます。友達に、悩みをぐちゃぐちゃと打ち明けます。話すことで「すっきりした！」と気分が楽になりますが、それでは解決にはなりません。ただ、しゃべっただけ。実効性が薄いのです。

悩み相談をする時間があるのなら、友達と一緒に「慮りシート」を作ったほうがいい。感情的な解決ではなく、「これが起きたらこうなる」と明確にして、具体的に考える。これこそが、正しい心配事のなくし方です。なんとなく先行きに不安を抱えている人も、「慮りシート」で心配事を明確にしましょう。

たとえば、「勉強ができない。だから、受験がうまくいかないかもしれない」という心配事があるとします。そういう人は、あらかじめ志望の学部を決めてしまいます。目標を決めて逆算し「じゃあ、今の状態はどうか？」と考えていくのです。すると「今の偏差値ではダメだが、一年後にはこうなっていたい。そのためにはこういう努力が必要だ」ということがわかります。

ある程度の「長期的」「中期的」な目標を決めれば、わけのわからない不安感は消えます。今、自分がしなければならないことが、はっきりするからです。

目標は、途中で変更したっていいのです。「この大学はやっぱり無理」とか、「もうちょっと上を狙おう」とか、自由に変更していいのです。ただ、先を見すえた目標を持っていないと、漠然とした不安に押しつぶされてしまいます。

暫定的でもいい。目標を持って、そこから現状を逆評価してみましょう。そうすれば、なんとなく鬱々としている気持ちからは、離れられるはずです。

正しい失敗

過《あやま》ちて改めざる、これを過ちと謂《い》う。（衛霊公第十五の三〇）

――過ちをしても改めない、これを本当の過ちと言う。

これからは「テン・シュ・カク」

失敗というのは、正しいも何も、やってしまったら失敗です。しかしながら、「失敗が失敗に終わらないやり方」が、正しい失敗だと思います。失敗しても改めることができれば、それはもはや失敗というよりは、「成長への一つのステップ」につながるからです。

孔子は「過ちを改めないこと」を、「過ち」だと言いました。一回目の失敗は仕方がない。でも同じことを二回繰り返すと、それは本当の失敗になってしまいます。「修正力があるかないか」が問われています。

就職する人や、教育実習に向かう学生に私がいつも言っているのは、「ホウ・レン・ソウ」は大事だけれど、「テン・シュ・カク」のほうがもっと大事、ということ。「報告・連絡・相談」もよいのですが、「テン・シュ・カク」ができれば、社会に出たときも、ほぼ

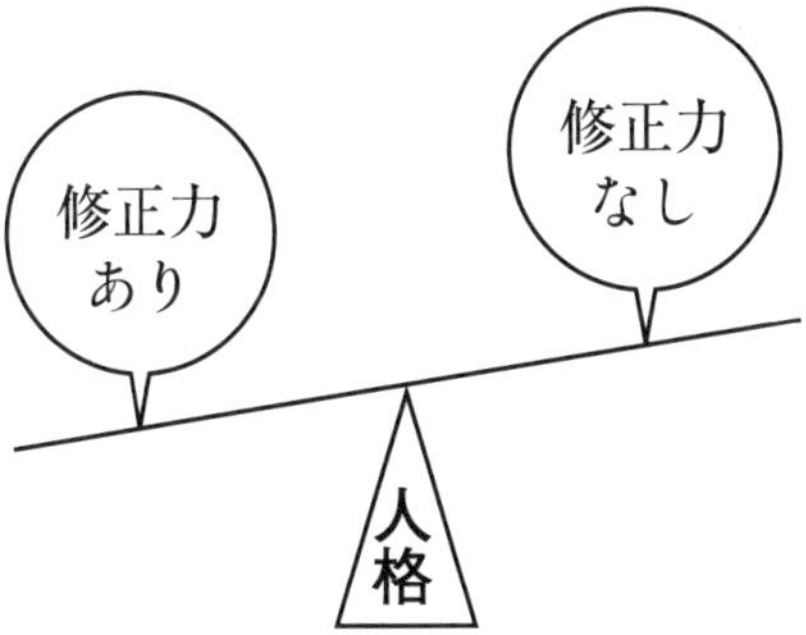

大切なのは「テン・シュ・カク」
=テンション　=修正　=確認

問題はありません。

一　元気に挨拶をし「テンション」を高く保つ。

二　注意を受けたことは常に「修正」する。

三　自分でなんとなく大丈夫だと思わず、必ず「確認」をする。

――この三つを合わせて「テン・シュ・カク」です。

学生たちが実習に行くときや卒業していくときには、声を合わせて「テン・シュ・カク！」と言わせ、送り出すようにしています。

先日も、就職して一年経った教え子たちが集まった席で、「先生、『テン・シュ・カク』に気をつけていたら、だいたい大丈夫でした」と、彼らに言われました。

「そうか。よかった、よかった」と、私もうれしく思ったものです。

修正力を鍛えよう

会社の上司というのは特に、「この人間には修正力があるのか、ないのか」を見ています。何かが起きたとき〝おかしいな〟と感じても、一回目から怒鳴る人はあまりいません。軽く注意をするだけです。しかし注意をした後で、もう一度同じことをしてしまうと、堪忍袋の緒が切れるのです。

修正力がないことが露呈すると、何事も任せてもらえなくなります。そんなことが起きないように、自分で修正ポイントを手帳に書いてみることが必要です。

赤いペンで「やっちゃダメシリーズ」などと書いて、「これはやってはダメ」「これは言ってはダメ」「これを先にやっておかなければダメ」など、段取りや言葉遣いのＮＧ項目を書き出します。

注意されたことは、必ず次には直っているようにすること。上司や先輩にしてみれば、〝この前、あいつに言ったはずなのに……〟と思うことはよくあります。それがイライラの原因にもなってしまう。言ったことが直っていると、それだけで安心します。直す気持ちや直す力があるかどうか、とりあえずはわかるからです。

また、書き出した項目をいっぺんに直そうとせず、のろまな亀でいいから、言われたことを確実に、一つひとつ進めていくことが大切です。

私がなぜ、これほどまでに「修正力」という言葉を繰り返すようになったか。

それは今、大学で教育実習のトラブル処理係をしているからです。トラブルの原因は確認不足が多いのですが、「これほど直せと言っているのに、直そうとしない！」と、指導の先生の怒りが爆発するケースが山ほどあります。

たとえば書類の書き方や、授業のプラン作り。頑固なのか、頭が悪いのか、納得していないのかはわかりませんが、とにかく直せない学生がいる。

指導の立場の人から「こうしなさい」と言われたことを修正できないと、注意した側は〝自分が軽く見られた〟と受け取ります。つまり、間違いを直せなかったばかりか、指導者を軽んじていることにもなる。指導者側は、人格的にバカにされたと感じて、指導する気がなくなってしまうのです。気が短い人の場合は、火に油を注ぐ結果になってしまい、収拾がつかなくなります。

修正はちょっとオーバーに

修正をするときのポイントは「すぐにすること」と、「ちょっと多め（オーバー）にすること」。

たとえば「声が小さい。もっと大きく出すようにしなさい」と注意を受けたとしましょう。そのとき、普通に少しボリュームを上げるのではなく、誰が聞いても大きすぎると思うくらいの声を出す。

「いやいや、そこまで大きくしなくていいから」と言われるくらいが、具合がいい。直そうとする気持ちが表れています。

「君はバカか。そこまで大きくなくていいんだよ」

これが、正しいやりとりなのです。指導する人が言うでしょう。

「もうちょっと、ボリュームを落とすくらいでいいよ。直す気はあるとわかったよ」

あるいは「字をきれいに書け」と言われたら、努めて丁寧に、きれいに書いてみせる。

「必ず電話で確認をしろ」と言われたら、くどいほどに何度も確認する。

「ここまでしつこくやらなくていいよ」と言われるくらい、しっかりとやるほうがいい。

そうやって修正できる人は、センスよくなんでもできるわけではないかもしれませんが、一生懸命直そうとする誠意が伝わります。

そんな誠意ある姿を見たとき、人は〝かわいいな〟と思うものです。すなわち、「過ちてすぐに改める修正力」は、実は人格的な信用力に直結していくのです。

正しいトラブル対処法

君子は諸《これ》を己に求む。小人《しょうじん》は諸を人に求む。（衛霊公第十五の二一）

――君子は事の責任・原因を自分に求めるが、小人は他人に求め、責任を転嫁する。

ゴールをどこに定めるか

何かの事態が悪化し、〝この状況はまずい！〟と気づくことがあります。そんなとき、人の対応には二通りしかありません。非を自分に求めるのか、それとも他人に求めるのか、この二通りです。

心情を道にたとえると、「他人のせい」にするのは、大通りと言えます。「あいつが悪い」と言うだけで物事が終わってしまい、多くの人が選ぶので、大きな一本道。一方「自分のせい」にするのは、カクカク曲がった細い道です。非を認めるのはイヤな気持ちになるし、原因を掘り下げなくてはならないから曲がりくねります。

大通りを行く人はたくさんいますが、この対応のまずさは、お互いに「相手のせい」だと思ってしまうところにあります。お互いにそう思っていると、関係性の修復は難しくなるばかりです。

夫婦喧嘩であれば、それでものんきに続けていいのですが、仕事の場合、顧客との関係で見ると、そうはいきません。たとえ顧客のほうに非があったとしても、未然に防げる手立てはなかったかを考えるべきです。

こんなときは、「非」の概念を拡大してみましょう。

"確かに相手のほうが悪かったかもしれない。しかし、この状況が起きる前に、これをやっておけば予防できたのではないか〟と広い文脈で考える。あるいは、長いタイムスパンで見るのです。

狭い文脈では〝相手の言いぶんがおかしい〟で終わってしまいますが、こうして考えていくと自分の気持ちも変化します。〝あの人がこう言ったのはこういう理由があったからで、おおもとが変わらないといけない。システムを考えよう〟となる。

問題解決の糸口を探るとき、「どちらが悪い」ではなく、「関係性がよくない」とか、「システムがよくない」と考えてみる。『論語』を通じて反省の回路を身につけるのも一つの方法ですが、こういう解決の道もあるのです。

事態は必ず打開できる

デート中や仕事中に、行き違いや口論が起きたときには、そのシステム的な原因を見直

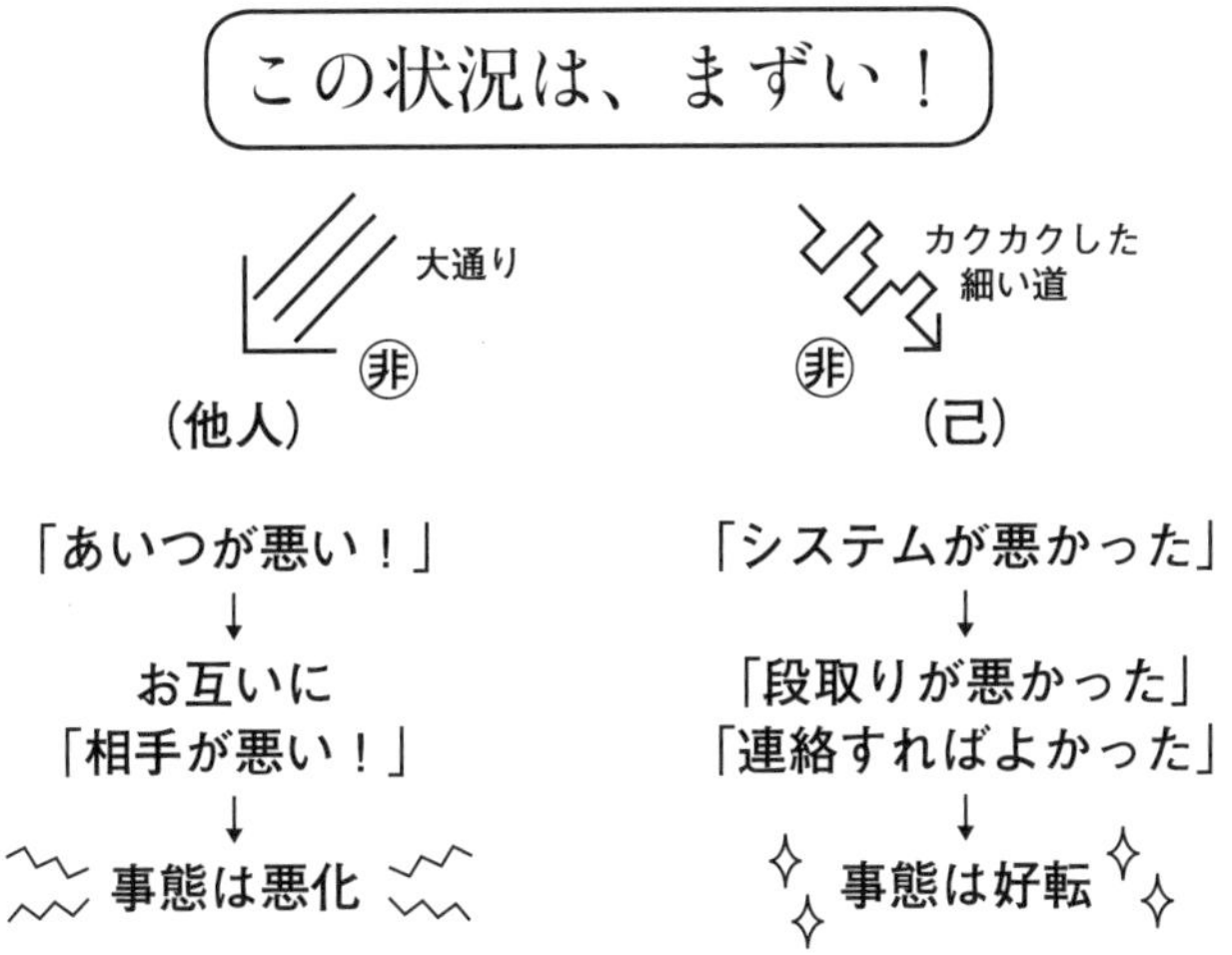

してみましょう。たとえば、「段取りが悪かった」とか、「あらかじめ取り決めがなかった」とか、「連絡すればもうちょっと改善した」とか、理由は様々見つかるはずです。あるいはメールの最後に「好きだよ」と一言加えればずいぶん好転する、なんていうアイディアも出てくるでしょう。システムや関係性が変わることで、事態をずらしていくことができる。そこに光明を見出せるのです。

何かが起きたときには、人のせいにせず、きちんと反省をすること。ただし、自責の念ばかりが強いと、「私が死ねばいいんでしょう」という極端な回路に入ってしまう人もいます。そうではなく、具体的に事柄を省みて、対策を立てていくのが本当の反省です。

正しいイノベーション

過《あやま》てば則ち改むるに憚《はばか》ること勿《な》かれ。（学而第一の八）

――もし自分に過失があれば、ぐずぐずしないで改めなさい。

修正までの時間は短く

何か失敗をしたとき、その理由を言おうとしたら、上司に言い訳だと思われて激怒された、という経験はないでしょうか。

失敗をしたときは、理由を言う前に、まず過ちを認めて謝らなければなりません。謝ってから、その後に理由を述べる。「過ちだと認識した時点」と「過ちを認めて申告する時点」は、できるだけタイムラグを短くすることが重要です。わかっていて気づかないふりをするのは、もってのほかです。そして、謝った後には過ちの理由を分析し、このやり方ではダメだと思ったら改めること。

たとえば、人に言われて三ヶ月くらい試してみたけれど、自分にとってはあまりよい方法だと思えないことがあったとします。違うと気づいたら、方法を改めるまでのタイムラグを短くします。そうすることで「行為」と「チェック」と「修正」の時間が、ギュッと縮まっていくのです。

孔子の言葉に従えば、長く間延びした時間を、ギュッと縮める。チェックしてから修正するまでの部分が短くなると、全体の時間が向上していくことになります。

イノベーションとは「刷新」です。よりよく改革し、工夫して刷新していく。常に同じやり方で通用するとは限らないので、どんどん刷新し、運動性を失わないことが大切です。

たとえば今、自動車業界は非常に厳しい状況にあります。トヨタはその中で、常に刷新を続けてきました。ガソリン車ではなく、次はハイブリッドだ、今度は電気だと、大変な勢いで刷新は続きます。そうしないと、現状の業績が維持できないのです。現代においては、刷新する速度、スピード感覚を短くすることで状況に対応できるし、周囲の評価も高まっていきます。

そして現代社会でもっとも問われるのは、修正できているかということです。政治においても、自浄能力があるかどうかが問題になっています。「自浄能力＝修正力」で、これは非常に大事なことなのです。正しい修正力こそが正しいイノベーションであり、自分の変革です。

ダメならすぐに次の方法を考える

　ホンダの創設者、本田宗一郎にも、こんな過ちがありました。エンジンの開発の際、水冷エンジンではなく、空冷エンジンに彼がこだわり続けたために、引くに引けなくなり、よくない方向に足を引っ張ってしまったのです。チャレンジ精神旺盛な本田宗一郎ほどの人であっても、ときに頑固に固執するあまり、改めることを憚ることがある。

「朝令暮改」という言葉があります。

　これは、「朝に出した命令を夕方には改める」という意味。ころころ気持ちが変わるのは、よくないととらえる人もいますが、「朝令暮改スタイル」と言って、これをスタイルにしている経営者がいます。

「昨日はこう言ったけれど、間違いだった。今日はこれでいくぞ！」

　その社長は、次々に新しいことを考案していきます。実験してダメなら、すぐに柔軟にやり方を変える。それがダメなら、また次の方法を考える、という具合です。そうすると、選択肢が二つに一つではなく、どんどん増えていくのです。

「社長、昨日は違うことを言ってたじゃないですか」

「昨日は昨日だ。おまえはいつまで昨日を生きているんだ？」

　というくらいの勢いです。現代においては、むしろそういうテンポ感が必要で、以前は

自己修正力があると、評価が上がる

正しかったことが、そうではなくなるときがすぐにやってきます。

たとえばある時期、電機メーカーがこぞってパソコンを作った時代がありました。しかしパソコンを作っても、大した利益は出ません。それでもみんなが作っていたため、撤退する時期を見誤った企業があるのです。

早く気づけば損失は少なかったのに、設備投資をしたのでかえって赤字を長引かせてしまう結果になった。始まってしまうと〝ダメだ〟とみんなが思っていても、なかなか覆すことができない。こういうことは、お役所仕事などにもたくさんあります。

メンツにこだわるな

現代において大事なのは、物事を改めるときの「スピード感」と、間違っていたことを素直に認める「謙虚さ」です。ここで言う謙虚さとは、単なる謙虚さではなく「方向が違ったので、軌道修正していこう！」という、攻めの姿勢です。

過ちを認める行為には、どうしても守りの姿勢や、間違ってごめんなさいという、マイナスのイメージがつきまといます。しかし、改めるときは必ず代替案を持って臨む。「次はこうしてみます」と言ってみる。

これこそが自己修正力であり、過ちを認める自己批判力ということです。それは決して「負け」ではありません。改めることを憚ってはいけないのです。

本当はダメだとわかっているのに物事に固執する人は、メンツというものにこだわりすぎています。メンツを重んずるとは、悪いプライドを捨てられないということ。大概の場合、それは障害になってきます。

メンツを重んじるよりも、「改めるスピード感」を自分のプライドとしていく。そうして、自分のメンツとか、誰のメンツとか、仕事にはそういうことは一切関係ない、と周囲に知らしめる。会社や集団におけるメンツとメンツの意識を減らすことが、生産性を高めていくのだと思います。

少し古い話になりますが、サッカーのワールドカップ南アフリカ大会では、岡田監督がギリギリの段階で決断し、修正しました。直前の練習試合でイングランドなどに滅多打ちされたため、これでは通用しないと考えたのでしょう。そのとき初めて、今までのやり方が「過ち」だと気づいたのです。

自分の好きなスタイルは通用しない。すなわち「ひたすら守る、守り優先のサッカーをしなければならない」とわかって、直前に改めました。そして、すべての戦術を変えていった。それが見事に成功したのです。

こだわりとメンツを捨てて「自分たちは弱いので、ひたすら守ります」と表明する。つらく恥ずかしい思いもしたでしょうが、結果を重んじて変更したから、ギリギリ間に合い、ベスト十六の成績を残しました。〝もっと早く気づいてほしかった〟という気持ちはありますが、結果的に日本中を盛り上げてくれたのですから、ギリギリセーフ。

岡田監督の采配は、「改めるのを憚らなかった」ために、救われたケース。プライドよりも結果を優先させた成果でした。

正しいリーダーとしての在り方

民は信なくんば立たず。（顔淵第十二の七）

——もし民に為政者に対する〈信〉がなければ立ちゆかない。

すべての基本

「信念がないとやっていけない」という意味でよく使われますが、本来は「人民による信頼がないと政治家はやっていけない」という言葉です。

政《まつりごと》（政治）について子貢《しこう》が孔子に問うと、孔子は簡潔に答えました。

「食料十分、軍備十分、人民には信を持たせる」

政治に必要なのは、この三つ。「食料と、軍と、人の信頼だ」と、非常にシンプルです。考えてみれば、国にとって大切なことはこれに尽きるのかもしれません。

今の日本には豊かな食料があります。ただし、輸入の割合が高い。食料をもう少し広い意味でとらえれば、経済ということでしょう。経済力が低下すれば、危うくなります。

次に、軍備をしっかりさせて領土を守る。これは、今まで日本では忘れられていた部分

信頼を得るには、まず動くこと！

です。孔子の時代から言われているのに、なぜ忘れてしまったのかが不思議なくらい、今は自分の身を自分で守ることができない状況になっています。

そして、最後は信頼。今の日本で大事なのは、政権与党に対する信頼や、首相に対する信頼でしょう。

「経済・軍備外交・信頼」という三点で考えると、今の日本の政治は、非常に不安定な時代に入っています。そして孔子の語った大事な三点というのは、いつの時代にも変わらないことを感じます。ここをしっかりやってくれる政治家を、国民は選ばなくてはなりません。

孔子は「この三つのうちで、やむを得ず捨てるなら何か？」と聞かれて「軍備を捨てる」と言いました。そして「次に捨てるのは食料だ」と語っています。普通に考えれば、食料が最後まで残るでしょう。食料がないと人間は生きていけません。しかし、孔子の考えは違いました。

「食料がなければ死が訪れる。しかし、死というものはいずれ誰にでも訪れるものだ。もっとも大事なのは信頼で、信頼がなければすべてが崩れてしまう」

そこで語ったのが「信なくんば立たず」でした。民による信頼を一番大切にしたのです。

できないことを言うな

ここでの「信」とは、「言行一致」ということです。言葉と行動が一致しているところを見て、国民（部下や仕事相手）は信頼をしてくれます。その逆に、できないことを言ってしまうと信頼を失います。

民主党のマニフェストでは理想を掲げていましたが、政治家が理想ばかりを言うのは非常に危険です。できないことを言ってしまうと「言行不一致」ととられるからです。希望を言ったのでしょうが、与党となったら、それは約束になります。そのあたりの認識が甘かったのです。

だからこそ孔子は「口は重く、実践に努めるようでありなさい」と言いました。できないことを言ってしまうと、大きな信頼を失う。だから言葉は少なめにして、行動が多いほうがいい、と考えていたのです。

今の時代の政治家には、「有言実行」の部分が強く求められます。それでも、できることを言い、言ったことは行動する原則にのっとっていけば信頼を得られるはずです。

正しい信頼のされ方

君子は言《げん》に訥《とつ》にして、行《こう》に敏《びん》ならんと欲す。（里仁第四の二四）

――君子は、軽々しいことを言わず、やるべきことはすばやくするようでありたい。

上司のための査定方法

孔子の言葉は、政治家やリーダーを育てるための言葉です。もう少し広く解釈すれば、人の上に立つ人。ドラッカー流に言えば、マネージャーみたいなもの、全体を仕切るリーダー、とも言えるでしょう。

そのような立場に立つ人は、どれほどの信頼感を部下から得られているかが評価の対象になります。これからの時代はますます厳しくなり、「部下からの評価」が、上司として昇進していくポイントにもなるでしょう。クリアしていくためには、チェック項目を挙げて部下に確認してもらうのがよいと思います。

・手柄を自分のものにしてしまう
・決断が遅い

〈部下から信頼を得るチェックポイント〉

□ 手柄を一人占めにする	もう少し柔らかく →	□ 結果は評価してほしい
□ 決断が遅い		□ 決断を早くしてほしい
□ 説教が10分以上		□ 説教は5分以内
□ 会議でしゃべりすぎる		□ 会議で部下にも発言させてほしい
□ 残業当然		□ ワークライフバランスを！
□ 怒鳴る		
□ ほとんど褒めない		
□ プランの提示ができない		

・説教が長く、十分以上続く
・会議でしゃべりすぎる
・残業は当然
・すぐに怒鳴る
・ほとんど褒めない
・プランの提示ができない

以上のような項目を、部下に厳しい目でチェックしてもらうのです。上司としては恐ろしいかもしれませんが、大事なことです。

最近は大学でも「授業評価」のアンケートを学生から取るようになりました。大学もそういう時代になったのです。嫌がる先生も多かったのですが、これからの時代は、学生による授業評価を導入しないと自浄作用がないとみなされます。「いたし方ない。導入しましょう」となりました。

授業に出てこない学生に限っておかしな回

答をすることもあるので、学生の出席率も加味した内容にし、工夫をしています。もちろん、他にも変なことを書く学生はいますが、大きな傾向はわかります。

ただ、会社ではあまりキツイ質問ばかり並べると、部下は評価しづらいでしょう。そういうときは、「もうちょっとだけ決断を早くしてほしい」とか、「もうちょっとだけ話す時間を短くしてほしい」「もうちょっとだけ感情をコントロールしてほしい」など、「もうちょっとだけ」という枕詞を加えた内容にすれば、本音が聞けます。

はっきり書きすぎると、部下は〝報復されるのではないか〟と、怖い気持ちになりますが、「もうちょっとだけ」は、日本人らしい言葉です。打たれ弱い上司のための、正しい査定方法、とでも言えましょうか。

正しい部下とのつきあい方

君子の道四つ有り。其の己を行うや恭《きょう》、其の上《かみ》に事《つか》うるや敬《けい》、其の民を養うや恵《けい》、其の民を使うや義《ぎ》。（公冶長第五の一六）

――子産《しさん》は君子の道に沿う四つを備えていた。行いにおいては〈恭〉、つまり慎み深く、目上の人には〈敬〉、つまり敬意を忘れず、民に対しては〈恵〉、つまり情け深く、民を使うには〈義〉、つまり筋を通す（恭・敬・恵・義の四つの徳を備え、実践したのは君子の名に値する）。

部下には気のきいた差し入れを

子産という名宰相がいました。その人が備えていた「君子の道」として、「恭、敬、恵、義」という四つの言葉が取り上げられています。

・恭＝自分が行動をするときは慎み深く。
・敬＝目上の人に仕えるときは尊敬の念を忘れずに。
・恵＝民を養うときには恵み深く。

・義＝民を使うときには正しい筋道を立てる。

ここで言う「民」とは、「部下」と考えるとよいでしょう。つまり、君子の道は、現代に置き換えると「上司の道」と言うことができるのです。特に大事なのは、部下への心遣いです。

部下が残業などで疲れているとき、サッといなくなったと思ったら高級なアイスやお菓子を持って現れる人がいます。そういう人は、部下から慕われます。差し入れというのは、想像以上に心に効くのです。

仕事の最中、若い人の間にはそんな心の余裕はありませんが、上司なら何か気のきいたことをする。あるいは、みんなで飲みに行ったときには、一時間くらい参加したら、一〜二万円置いてサッといなくなる。

「じゃ、あとはみんなで楽しんで」

お金を置いてサッと帰る。そこにはさりげない恵みがあります。

部下のやる気は上司次第

また、部下に仕事を頼むときは、私用を混ぜたり、あまりにも意味のないことを頼んだりすると信用を失います。たとえば、「タバコを買ってきて」というのは私用ですし、コピー取りばかりを頼むのも、相手にしてみれば気が滅入る。二、三歩行けばコピー機があ

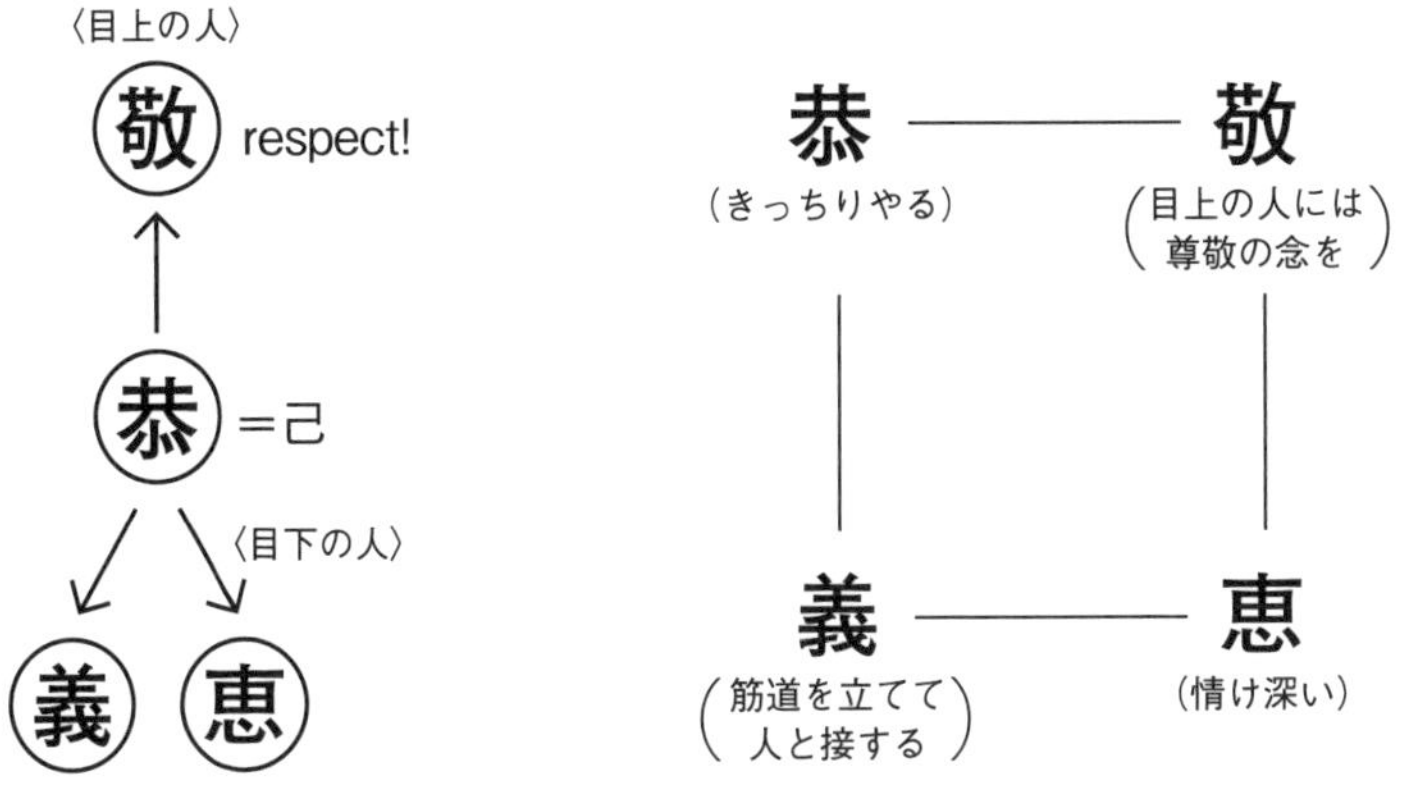

誰に対しても、筋道を通すのが、人としての心得

るのなら、自分でやったほうがいいのです。

コピー取りのような仕事はシャドーワークなので、勉強にはなりません。何かのために必要な影の仕事です。なぜ家事を嫌がる人が多いかというと、それがシャドーワークだからです。影の仕事になっていて、報酬には換算されません。しかし、家政婦さんを雇ったり会社に依頼したりすると、非常に高くつく労働です。

洗濯や皿洗いは、進歩と言っても限界があります。同じことの繰り返しという意味では、コピー取りと似ている。技術が向上しないものに対して意欲を失ってしまうのは、自分が人の道具になったような気がしてしまうからです。

そういう退屈な仕事は奴隷に任せて、自分たちは次の新しい一歩を踏み出そうというのが、古代ギリシャの構造でした。

しかし、現代は古代ギリシャとは違うし、便利な道具だって増えています。むしろコピーみたいな仕事は、自分でさっさとやったほうがいい。そのほうが、上司としての評判が上がります。

そのかわり部下には、仕事の重要な部分に関わる仕事を、範囲を決めて任せてみましょう。そうすると、やる気が違うはずです。

たとえばうちの大学院生は、「授業の中の三十分を君にあげるからやってみて」と頼むと、一生懸命準備をします。自分の技術を向上できる仕事だと、俄然やる気になる。人は、自分が期待されていると感じると、そこにやりがいも芽生えてきます。

「義」とは、筋道の通った使い方です。会社においては、若い人をできるだけ早く成長させるのが、筋道が通った人の使い方だと思います。

逆に、成長がない簡単な仕事ばかりでは〝私じゃなくてもできる〟と思って辞めてしまうのも仕方がありません。新人でも、半年勤めたら半年なりの仕事をさせるのが、本来の筋道。ただし、仕事にはもちろん単純なものも含まれます。単純作業が七割だとしても、三割は本質的で複雑な仕事を混ぜていく。部下の様子を見ながら、それをやっていくといいでしょう。

ビジネスパーソンの心得

『論語』の面白さは、現代の人間関係にも非常に実用的であること。しかも、二五〇〇年前の中国の社会で言われたことと、今の日本の社会の在り方は、信じられないほど通じる部分が多くあります。二五〇〇年前の日本は……というと、まだ縄文文化でした。国家単位の政治や組織における人間関係の段階ではありません。

「仕事を得る」「信用を得る」などの話が『論語』に出てくるのは、この時代の中国が、すでに社会として成熟し、できあがっていたからです。そして、人間の社会的本質は基本的には何も変わっていないということです。

今は、部下が向上しないと、上司としての能力を疑われる時代になってきました。正しく部下を指導するためにも、ビジネスパーソンの心得として、この四つの言葉を覚えておくとよいでしょう。

「君子の道、ビジネスパーソンの道は、四つである」

ビシッと言いきれる人は、なかなか素敵です。それに、「自分に対して」「目上の人に対して」「部下に対して」というふうに、相手ごとに分けて接し方のポリシーを明言できる人は、意外と少ないもの。しかも、漢字一字で表現するのは、インパクトがあります。

「部下に対しては『恵』と『義』を大切にしています」

「『恵』とは何ですか?」

「ときどき、アイスやケーキを買ってくることです。それも割と高級なものを」

「では、『義』とは何ですか?」

「雑用ではない、大事な仕事を任せることです」

　こんなことを言えたら、カッコいいではありませんか。中身は決して難しい話ではありません。今の時代は、これが英語に変化してもよいと思います。たとえば、「リスペクト」「パッション」などを、この四つの漢字に当てはめていく。そのほうが、自分の気持ちに刺激があるならそれもいい。

　心の中に、このような明確な言葉を持っていることは大事です。昔なら色紙に書いたりしたものですが、私はTシャツに文字をプリントするのをおすすめしたい。身につけることで、文字の威力を感じられます。

第二章　人間関係編

正しい友の作り方

忠信を主とし、己に如《し》かざる者を友とすること無かれ。（子罕第九の二五）

——内から出た真心である〈忠〉と、嘘をつかない〈信〉を、生き方の中心にし、自分より劣った者を友人にはしないように。

オールオアナッシングで評価しない

「自分に及ばない者を友にすることはない」というのは、非常に厳しい言葉です。

相互に比べたとき、自分より上の人を友達にしなさい、というわけですが、相手から見れば自分のほうが劣っているのですから、これでは友達にはなれません。

言葉を額面通りに受け取るとそうなりますが、実は、一人の人間を様々な観点から見ていくと、「すべてが勝っている」ということや「すべてが劣っている」ということはありません。部分部分で〝この人のほうが上だ〟と思うことができたら、そこで友達になればいいのです。

ただ、実際には、そのように考えない人も多くいます。世の中には、自分よりできない人を周りに集めてしまう人と、自分よりできる人を集める人に分かれるように思います。

ある、非常に成功している会社の経営者が言いました。

「採用に関わる者には、自分より優秀な人間しか採るな、と言ってあります」

採用する側の人が、自分より圧倒的に優秀だと思うとき以外は採用をしない。その指示がよかったと語っていたのです。

自分よりも、何が優れているかがわかるのは、重要な能力です。その気持ちを持つことで、謙虚になれます。部下に対しても〝この人は自分より優れている〟と思っていれば、気が楽になりますね。

「君は、私たちよりも優れているから採用したんだ。しっかりやってくれよ」と、どんなときにも言うことができる。しかし、そうは言っても人ですから、全部が優れているということはありません。

人を見るときには、オールオアナッシングで「この人はダメ」「この人はすごい」と評価するのでなく、「この部分に関しては突出している」「この部分は弱いからどうするか」という視点で見ていく。漠然とした全体の評価ではなく、多方面から見て、部分的にフォローしていくのです。

さらに言えば、採用するときやチームを作っていくときには、部分部分の確かな評価があったほうが絶対にいい。その気持ちがあれば、互いに親しみを感じやすくなり、それぞれの存在価値が高まるからです。

つきあいは、相手に学ぶ気持ちで

もう一つ、友達を作るときのコツを教えましょう。

それは、相手の得意な部分について雑談してみること。どんな人にも、必ず得意な分野があります。相手が会社経営者なら、「経営」に関しての持論があるでしょうから、それに関わる雑談をしてみる。相手の一番得意なフィールドにおいて雑談ができると、その人はその部分において、自分よりも上だということがよくわかります。

私は経営者ではないし、これから経営をする予定もとりあえずありませんが、経営者の経営論というのは非常に面白いんですね。

一種の勝負事だからでしょうか、経営者の話は棋士の羽生善治さんなどの話とよく似ています。羽生さんにもお話をうかがったことがあるのですが、羽生さんが話すと、言葉にこもる迫力が違う。勝負の世界に生きる天才棋士は、なるほど、こういうことを考えているのかと唸るほどです。

羽生さんのように傑出した人物でなくても、自分と違う分野で仕事のできる人に話を聞いてみるといい。自分が話すよりも、その人の話に耳を傾けるようにすると、自分よりも優れているという感覚を、自然に持てると思います。

彼女の長所	彼女の短所
・面倒見がよい	・口うるさい
・自分に厳しい	・他人にも厳しい
・よく気がつく	・笑顔が少ない

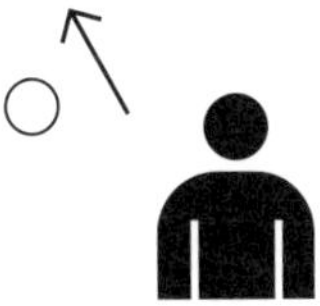

相手のいいところ、得意なことを意識して話す！

肝心なのは、自分の得意なところと相手の苦手なところを比べるのではなく、自分の苦手なところと相手の得意なところを比べること。そうすると、だいたいにおいて相手のほうが優れていることになります。

つまり「自分に及ばない者を友にすることはない」は、解釈を変えれば「ほとんどの人とよき友達になれる」になるのです。

孔子が言う「友」には、「ずっと一緒に学問をし続ける仲間」という重い意味があります。でも、現代においてはもう少し軽く考えていいでしょう。

ちょっとした知り合いで、刺激を受け合う相手。年に一度くらい会って仲よくお酒が飲め、お互いの仕事の様子も語り合える。

相手の得意な部分と自分の苦手な部分を突き合わせ、相手に学ぶ気持ちでつきあってみましょう。そうすると、その人の輝きが目に入ってきます。相手が好きなもの、得意なものは何だろうと意識しながら語り合い、関係を作っていくと有益です。

正しい人の見方

其の以《な》す所を視《み》、其の由《よ》る所を観《み》、其の安んずる所を察すれば、人焉《いずく》んぞ廋《かく》さんや、人焉んぞ廋さんや。（為政第二の一〇）

――その人がどう行動するか、何を由《よ》りどころにしているか、何に満足するか。この三点がわかったなら、その人物の本質は、はっきりする。決して隠せるものではない。

「動機」がポイント

「人物眼」というものが、重要視された時代がありました。人物眼とは、人を見抜く力。たとえば、勝海舟や坂本龍馬や西郷隆盛が活躍した時代というのは、「あの人はどれだけ大きな人物か」とか、「彼は信用できる人物だ」など、人物を見抜くことが非常に大切なことだったのです。

実は現在でも、その能力はとても大切です。特に企業における人事では、その人の持っている才能や人間性を見て採用をすることが必要です。教育学者である私が言うのもなんですが、採用のときに人間性を見抜くほうが、その後の教育にエネルギーを費やすよりも、断然効率がいいからです。

社会全体がそれに気づいたので、リクルートという会社があれほど伸びたのでしょう。あるいは、リクルートが社会にそのような観点を植えつけた。そういう意味ではリクルートの功績は大きいと思います。

人物眼とは、何を基準に見たらよいのでしょう。孔子はこう語っています。

「まず行為を見なさい。次に、行為の動機をしっかり見きわめなさい。三番目に、何をもって満足しているのかを見なさい。そうすれば、その人の正体はすぐにわかってしまうよ」

大変具体的なアドバイスですが、ポイントになるのは「動機」という部分です。なぜ、こういう行為に出るのか。そうすると〝時間通りに早く帰りたいから、こういうことをしているんだな〟とか、〝自分のほうが上だと思わせるために、こんな作業をさせているんだな〟ということがわかってきます。

眼力レントゲンのワザ

また、その人がどうすれば「満足」するかを見ていると、行為が透けて見えるようになってきます。〝部下が自分の言うとおりに動くことで満足するんだな〟とか〝自分が褒められたいからだな〟ということがわかるからです。

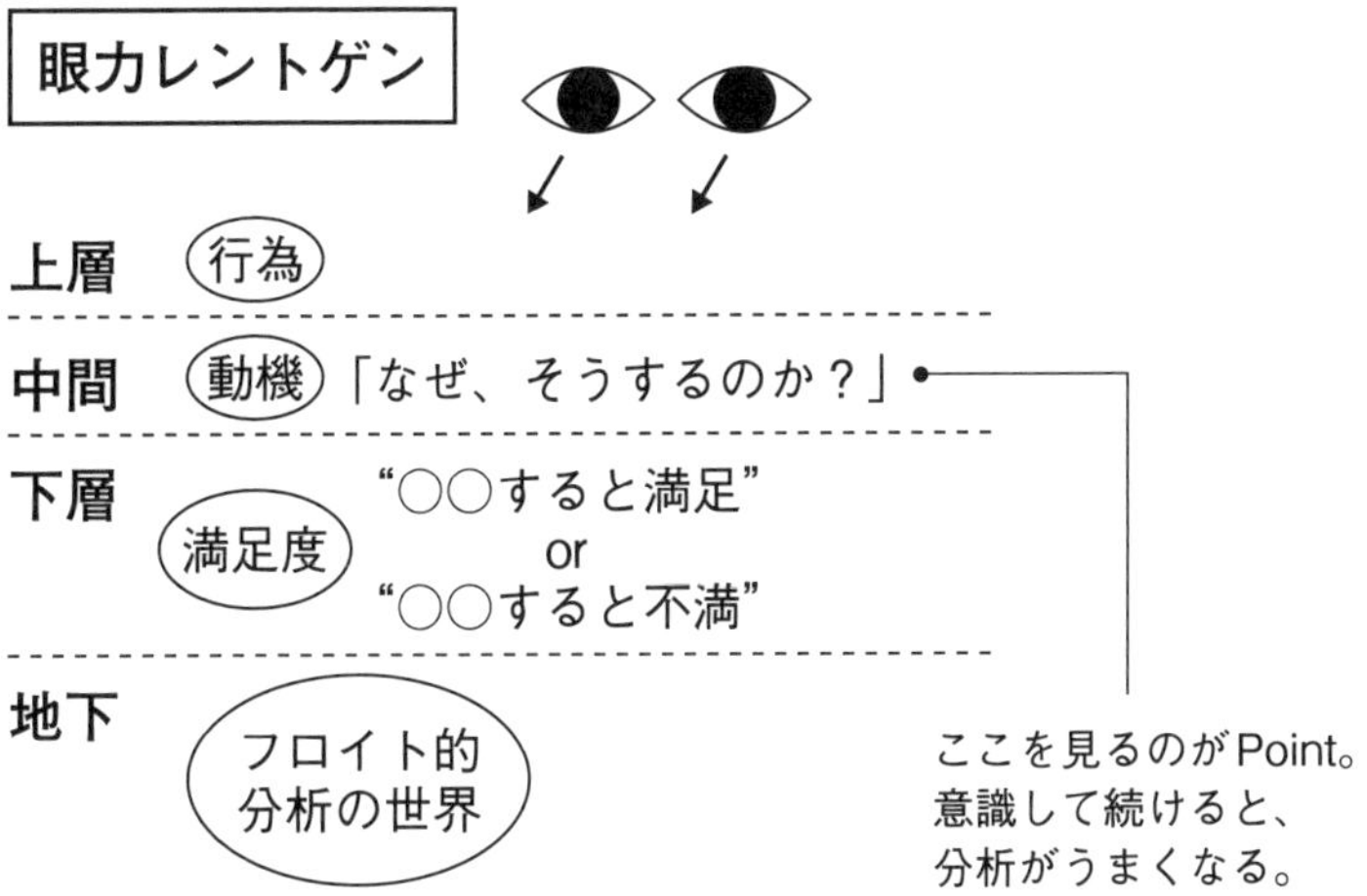

「動機」や「満足の場所」というのは、行為を通したレントゲン写真のようなもの。レントゲン写真のように、動機や満足の場所を見ていると、これがだんだんワザになってきます。レントゲンの中身が見えてくるようになるのです。

図に描いてみると、上層が「行為」、中間層は「動機」、下層には「〇〇すると満足」あるいは「〇〇すると不満」というものがあります。

上層の行為だけを見ていると、「変わった人」とか「イヤな人」というふうに見えてしまう。でも、中間層や下層を見ていくと、〝こういう動機があるからこうしていたのか〟〝本当にやりたいことは別にあって、それがズレて表現されているんだな〟ということがわかるようになります。

これをもっと掘り下げていったのが、フロイトでした。フロイトは「動機」を無意識のところまで掘り下げ、意識の地下まで掘っていきます。

私たちはそこまでする必要はありませんが、人物眼を養う「眼力レントゲン」のワザを身につけるために、下層まで掘り下げていきましょう。社会には様々な人がいることを知る、人生の学びにもなります。

特に、中間層の動機の部分、「なぜ、そうするのか」「なぜ、そう言うのか」という部分は重要です。同僚同士や夫婦でこのような会話をしていくと、人物眼は鋭くなっていきます。すると、第三者を見たときにも分析がうまくなっていく。

まずは身近な人同士で、相手の意識を掘り下げる練習をしてみてはいかがでしょうか。

正しい協調性

君子は和して同《どう》ぜず。小人は同じて和せず。（子路第十三の二三）

――君子は人と和《やわ》らぎ協調するが、やたらとつるんだりはしない。反対に、小人はよくつるむが、協調性はない。

「意見の対立」と「感情の交流」は別モノ

見事にキレのある言葉です。

「和する」というのは「協調性」があるか、ないか。

「同じる」というのは「付和雷同」するか、しないか。要するにやたらと「そうだ、そうだ」と同調する人と、そうでない人、ということです。

これは座標軸で考えると、理解しやすくなります。縦軸には「和する（協調性）」のあるなしを置き、横軸には「同じる（同調）」のあるなしを置きます。

右上は「君子」のゾーンです。人と協調するけれど、自分の意見を持っている人。左上は協調もするし、同調もするという人。右下は意見をしっかり持っているけれど、協調性のない人。左下は最悪のゾーンで、自分の意見もないし、協調性もない人。

自分の意見や価値観と、人との感情的な交流は、別のものとしてとらえることが大切です。ここを区別することで整理がしやすくなります。

たとえば会議などで、意見が対立してしまう相手であっても、感情的な交流はきちんとできる場合があります。どんなに意見を戦わせても、人間関係での問題は起きません。

しかし、ここが整理されていない場合、自分と反対意見を言う人が嫌いになります。そうなると、周囲から「あの人は子どもっぽいね」という烙印を押されてしまうことになるのです。

年齢が上がれば人気は下がる

実は、五十代や六十代になっても、子どもっぽい人は存在します。客観的な意見のやりとりができず、反対されると激昂してしまうこのタイプは、年齢が上がるにしたがって、ますますその傾向が強くなっていきます。

「俺をバカにしているのか！」

自分の意見が通らないと、自分に対して反旗を翻されたかのように、自分を尊重されていないかのように受け取ってしまうのです。

本来なら、年齢が上になるごとに謙虚にならなければいけません。なぜなら、年齢が上

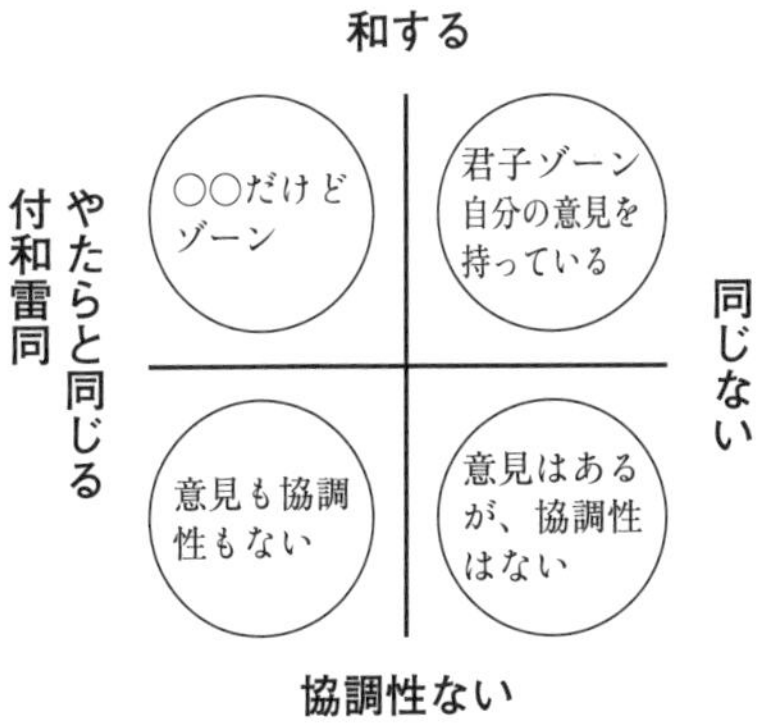

相手のタイプを知ることで、
無用な争いは避けられる

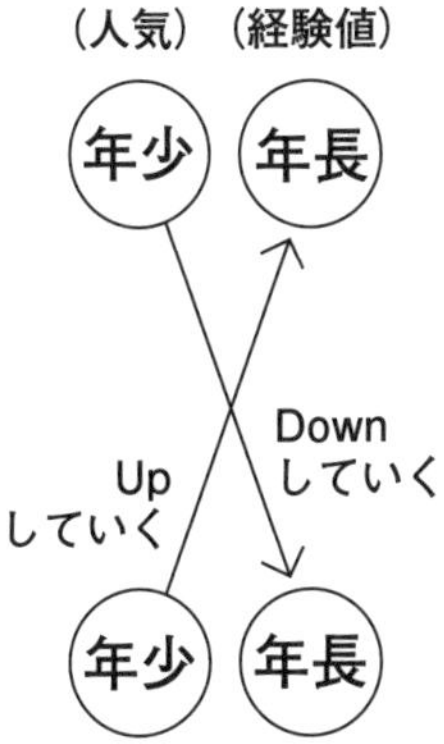

“上機嫌キャラ”を意識する！
おばちゃんキャラも良い

がるごとに人の好感度は下がるからです。人は、赤ちゃんのときの好感度が最高で、だんだんと人気が下がっていきます。人気というのは、基本的には落ちがちなものなのです。

ですから昔の人は、「年長者を敬いなさい」と若い人に教えることで、バランスを取った、というのが私の持論です。力と人気の落ちてきた年長者を救済するには、教育が必要だったのです。

赤ちゃんは「大事にしなさい」と言わなくても、かわいいからみんなが大事にします。子どもはやっぱりかわいい。若い人も好かれます。大学生の男子や女子は、社会的にも需要があります。

たとえば、中学校の教室に大学生の実習生と五十代のゼミの先生が行ったとすると、自然と大学生のほうに人気が集まります。

若いというだけで人気がある。そう考えると、協調性のない人は年齢が上がるにしたがい、いよいよ人気がなくなっていきます。ですから、感情の交流は上手にできたほうがいいのです。

上機嫌キャラを意識する

上手に感情交流をするためには、体から入っていきましょう。

穏やかな気分で、にこやかに笑い、呼吸をゆったりさせ、少し体操をして、軽くジャンプします。そうすると、体がほぐれて息がほどける。小学生のときの体に戻った気持ちになりましょう。小学生の体は、人と交流しやすい体です。身体レベルでの交流を進めやすくなります。そして、人が笑ったら笑うようにします。

みんなが笑っているときに笑っていないおじさんは、それだけで感情交流が下手だとわかってしまいます。みんなが笑ったときや、ちょっとした面白いことでも、反応して笑う。笑いや拍手で体を積極的に動かし、温めた状態にしておくのです。

人の体は年齢とともに、固く冷えてきます。動きも少なくなってくるので、トイレに行くたびに背伸びをしたりジャンプしたりして、リフレッシュしましょう。年齢を重ねてトイレが近くなることを、ある意味でポジティブにとらえ、「一時間に一度トイレに行かずにいられないというのは、すばらしいじゃないか」と体を動かす。そうすると、帰ってきたときにはジャンプをし終わって、ほぐれた状態になっています。

仕事というのは、不機嫌にやっても上機嫌にやっても、大して変わりはありません。それならば、とりあえずはにこやかに。叱るときにもニコニコしながら叱ることを覚えましょう。不機嫌に叱ってしまうと、相手にはものすごいダメージが残ります。だから、厳しいことこそ、にこやかに言う。「感情においては上機嫌」に、「意見においては厳しく」言い続けるのです。

協調性がない人が不機嫌に罵倒すると、若い人はついてこられません。感情の交流ができていないのに、痛いところを突いたり、しかもそれが的外れだったりすると、絶対に気持ちが離れます。

常ににこやかに笑いを多くしながら、「話にならないよ、ハッハッハ」とか「そういうのを見込みがないと言うんだね。ハッハッハ」と言ってみる。そのためには「上機嫌キャラ」を意識するとよいと思います。

おばちゃん的雑談のススメ

男性は四十五歳を超えると、たいていの人は不機嫌に見えてしまうもの。そこで、「おばちゃんキャラ」を入れていくのも、一つの方策です。女性的な男性というのは、上機嫌に見えることが多いからです。たとえば、美輪明宏さんは辛辣なことを語っているのに、にこやかなイメージがありますね。男性性の強い人はあんなふうにして、少し女性的な雰囲気を入れると、柔らかな協調性が生まれてくると思います。

若いときは、男性でも女性でも、協調性にはそれほど大きな差がありません。しかし、四十歳を超えると男女の差は歴然としてきます。学生だと、女性百人の前で話しても、男性百人の前で話してもそれほど違いは感じないのに、五十代の男性百人と女性百人では、会場の雰囲気がガラリと変わるのです。

年を重ねるにしたがって、男性・女性の特質が強まっていく。特に男性が固くなる傾向は強くなっていくようです。おそらく男性は、生物的に必要のない存在になるのに、ポジションや威厳を保たなければならない。そのギャップが激しいのだと思います。やはり、女性よりも柔軟性に欠ける感じがあります。

上手な感情交流をするためには、「おばちゃん的雑談」を増やし、にこやかにおしゃべりできる感覚をつかむこと。そうすれば、「和して同ぜず」がクリアできるのではないでしょうか。雑談力というのは、練習してつかむものです。

正しい心配

人の己を知らざることを患《うれ》えず、人を知らざることを患う。（学而第一の一六）

――自分をわかってもらえないと嘆くより、人を理解していないことを気にかけなさい。

心の家計を考える

何を本当に心配するべきか。

孔子は、「『相手が自分のことをわかってくれない』と心配するよりも、『自分が相手を理解していないこと』を心配しなさい」と言っています。

人は、相手に〝評価してほしい〟〝知ってほしい〟と、自分の評価を求める欲求が強くあります。特に若い人の多くは〝上司が自分を理解してくれない〟と感じています。人間というのは、「存在承認欲求」が非常に強い生き物だということでしょう。

しかし、自分を理解してくれないという心配は、相手次第で答えが変わるため、どうしても不安定です。むしろ、「自分が相手をわかっているか」あるいは「自分の力が足りているか」に焦点を当てて心配をしたほうが、心が折れにくくなります。

「心の家計」ということを考えてみましょう。意識全体の中での心配量は、人によって違います。たとえば、エンゲル係数のように心配係数があったとすると、その割合が大きい人もいれば、そこそこの人もいるし、少ない人もいます。

まずは自分の意識の中に、心配が何パーセント占めているか考えてみてください。心配が、心の家計を二十パーセント超えたら破産するという人もいるでしょうし、二十〜三十パーセントが危険水域で、四十パーセントになると破産するという人もいるでしょう。

心配がまったくない人というのは、エンゲル係数で言えば「食べずにやっていける」という人です。食べずに生きていける人がいないように、心配は誰にでも多少はあるもの。しかし、おそらくその中に〝自分が相手のことを理解していない〟という心配は、入っていないと思います。それよりも〝相手が自分をわかってくれない〟という心配が、多くを占めているのではないでしょうか。

ロールプレイングゲームで相手の立場に立つ

ここで、逆転の発想をしてみます。

〝相手が自分をわかってくれない〟という心配は、一旦やめてみます。すると、ものすごい家計の圧迫があった人も、心配量のスペースに余裕ができる。そこに〝自分は上司を理解しているのか〟〝同僚を理解しているのか〟という心配を入れるのです。

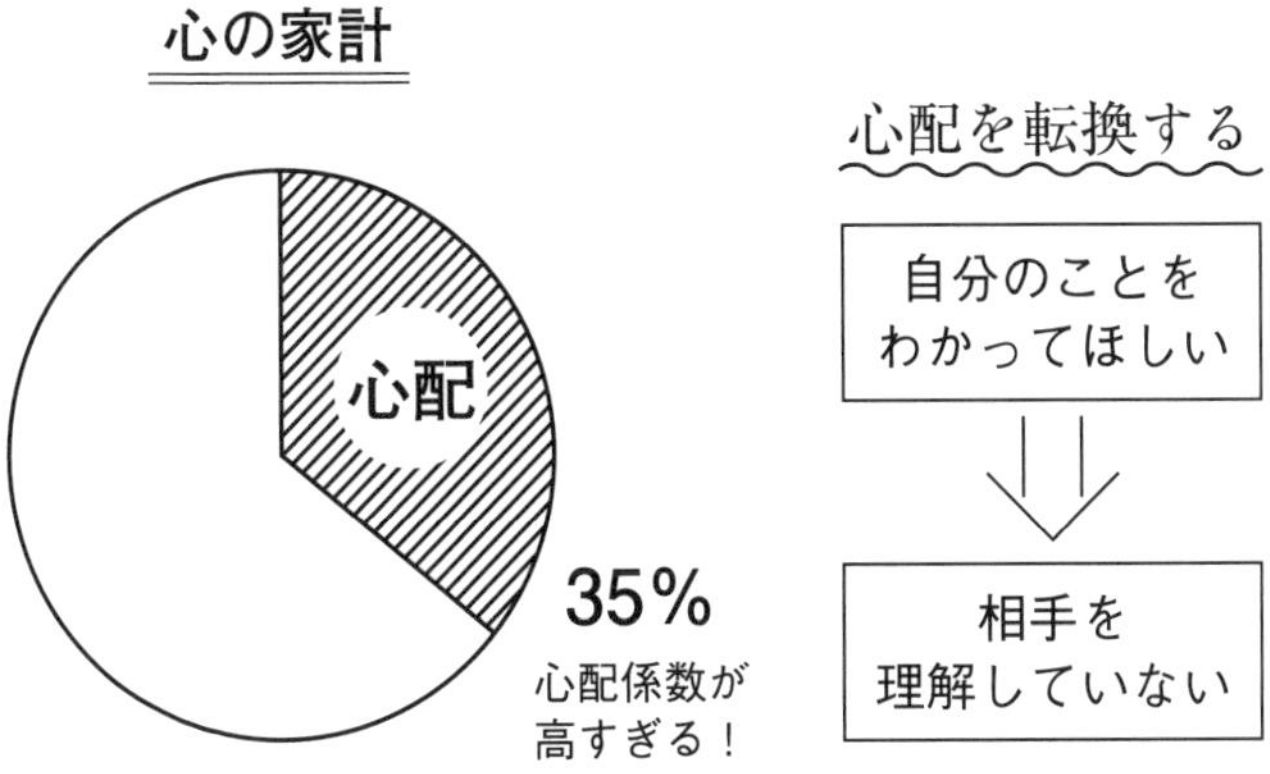

相手の立場に立てば、真の「心配事」が見えてくる

上司の気持ちを考えるのは難しいことのように思えますが、ロールプレイング的なことをすると、簡単に理解できます。私は、学生たちにこんなロールプレイングをさせています。

数人で一組になって、上司役と部下役をやってみる。部下は、遅刻が多くて人の話もよく聞いていません。すると、上司役の人が叱り始めます。

「おまえ、もうちょっとちゃんとしろよ」

「遅刻が多すぎるよ」

その立場に立つと、絶対に言いたくなるものなのです。ロールプレイングを体験した学生は言います。

「やっぱり、叱りたくなりますね」

「専門知識が弱い場合は、もっといじめてやろうかな、と思います（笑）」

などと言い始める。立場が変わると、急に見えてくる世界が変わるのです。そうすると、なぜ、自分の評価が低いかがわかる。

上司だけではありません。恋人や配偶者の立場に立ってみると、相手が何にいらだち、何を欲しているかがわかります。たまには、友達同士や職場の仲間で、こんなロールプレイングゲームをやってみるのも、面白いのではないでしょうか。

正しいキレ方

朽《きゅうぼく》木は雕《ほ》るべからず、糞土《ふんど》の牆《かき》は杇《ぬ》るべからず。（公冶長第五の一〇）

――腐った木には彫刻はできない。ぼろぼろになった土塀は、上塗りして修復することはできない。

いいものはいい、ダメなものはダメ

孔子の弟子の宰予《さいよ》が、怠けて昼寝をしたときの話です。孔子は厳しい言葉で言いました。「腐った木には彫刻はできないし、ぼろぼろの土塀の垣根には上塗りができない」言われた人にとっては、キツい話です。

今の時代は「褒めて育てる」ということをよく言いますが、孔子は客観的な人です。ダメなものを無理に褒めるということはしません。顔回《がんかい》（一四一ページ参照）のことは褒めていますが、それは決して依怙贔屓《えこひいき》ではなく、孔子が目指す基準を、周囲に示すことになるのです。

客観的な立場に立つことによって〝この先生はいつもブレがない。ダメなものはダメ。

いいものはいい、と言う人なのだ〟と、弟子たちは思います。物事に「上手、下手」があるように、人格にも「いい、悪い」があるということなのです。

孔子はさらに、ダメ出しのように言いました。

「今まで自分は、その人の言葉を聞いたらその行いまで信じてきた。でも、私はもう、言葉を聞いても、行いまで観察するようにする」

要するに、「言葉だけでは信じられないので、行いまでしっかりチェックするようにしたよ。これは宰予のおかげで改められたんだ」と言うのです。孔子も、結構しつこいのですね。

「宰予の昼寝」という言葉があるくらい、これは歴史上もっとも有名な昼寝になってしまいました。今の時代なら、少々サボるくらいは誰にでもあることですが、一つの事柄が、ここまで孔子の逆鱗に触れてしまうこともあるのです。

そこで思い出すのは、落語家の立川談志さんのエピソードです。

お弟子さんの談春さんが書いた本の中に、こんな話がありました。談春さんが若い時代、談志さんが「指導をしてやろう」と言いました。しかしそのとき談春さんは、「今日はちょっと調子が悪い」と断ったそうです。すると、それが談志さんの逆鱗に触れてしまった。談春さんの実家にまで電話をかけて、親を怒鳴りました。

「おたくの息子はどうなってるんだ！」

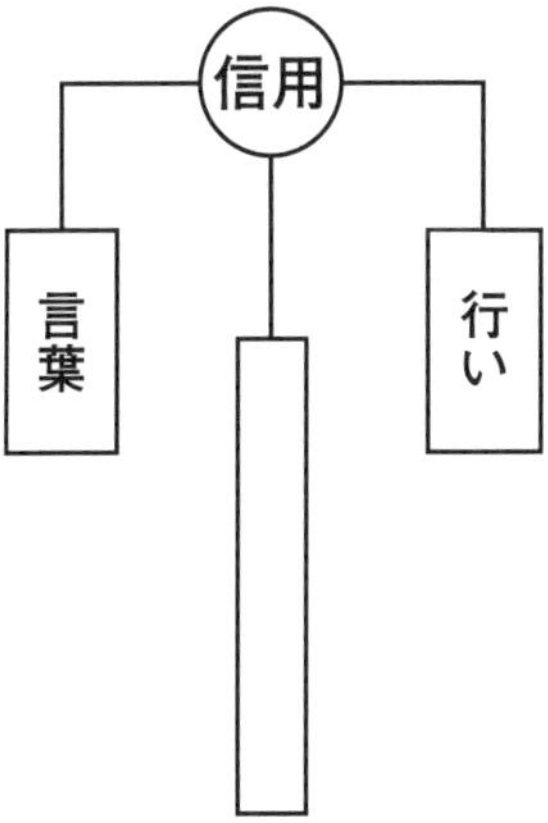

どちらも大事

激怒され、破門寸前になって、それをとりなすのが本当に大変だったそうです。

「師匠が見てやると言ってるのに、それを風邪だかなんだか言って断るたぁ、もうぜってぇおめえの面倒は見ねえ」

そう言って、指導をしてくれなくなった。

談志さんというのは、逸話が多く面白い人です。落語界では「談志を怒らせた、とんでもないやつがいる」と、その噂が一気に広まってしまいました。

人を伸ばすには厳しさも必要

同じように宰予の昼寝も、東洋中に広まりました。おかしいのは、孔子が「おまえのおかげで、人の評価の仕方が変わった」などと、恨みがましく何度も言うあたりです。孔子の人間味を感じ、少しホッとさせられる部分でもあります。

宰予は、非常に弁舌が巧みな人でした。だから「言葉がうまいやつは信用しない！」という気持ちになったのでしょう。『論語』には「巧言令色《こうげんれいしょく》、鮮《すく》なし仁」という言葉があります。これは「言葉が巧みで顔つきもにこやかな人間は、徳の少ないことがよくあるものだ」という意味です。宰予の昼寝は、はからずもこの考えに証拠を与えてしまったような事件でした。

しかし、孔子がときに厳しさを見せることで、チームはキュッと引き締まります。いつもゆったりリラックスすることに慣れてしまうと、気を抜いてしまって伸びが足りなくなっていきます。

孔子は普段は非常に親しみやすい先生でしたが、許せないときにはビシッと弟子を叱りました。チームを率いていくときに、このような厳しさは「正しいキレ方」として、必要なものだと思います。

正しい突き落とし方

子貢《しこう》が曰《い》わく、我れ人の諸を我れに加えんことを欲せざるは、吾れ亦《ま》た諸を人に加うること無からんと欲す。子の曰《のたま》わく、賜《し》や、爾《なんじ》の及ぶ所に非《あら》ざるなり。（公冶長第五の一二）

――子貢が、「私は人にやられてイヤなことは、人にはしないようにしようと思っています」と言うと、先生は言われた。「子貢よ、それはおまえにできるようなことではないよ（言葉にするのは簡単でも、それを生涯実践するのは至難の業だ）。」

簡単にできると思うなよ

「自分がされてイヤなことは、人にはしない」

これは、孔子自身が生涯の目標の一つとした言葉です。しかし、それと同じ意味のことを弟子の子貢が言った瞬間、孔子がバッサリ言い放ちました。

「おまえにできることではない」

そのとき、子貢は絶句したのではないかと想像します。おそらく「先生もそう言ってたじゃないですか。なぜ目標にしてはいけないのですか？」と、疑問符が頭の中を飛び交ったでしょう。

孔子が言いたかったのは、「簡単そうに言うなよ」ということでした。子貢は当たり前にできることのように言いましたが、その見込みの甘さが気に入らなかったのです。「これはとんでもなく難しいこと。私が目標にしていることであって、おまえごときが言うことではない」

つまり、子貢にはいきなりそこを目標にするのではなく、いくつかまだ前にステップがあるはずだと言いたかったのでしょう。

能力の高い人が初心者にアドバイスをするとき、「ノートをつけなさい」とか、「好きな言葉を書きなさい」などと言います。しかし初心者に〝ああ、そんなことか〟と思われてしまうこともよくあります。

たとえば私が授業で「新聞を切り抜いて貼り、コメントをつけておきなさい」と言うと、「それなら小学生のときにやりました」と言ってやらない学生がいる。一方で、素直に二週間くらいやってみる学生もいて、そこに分かれ目があります。

大学生になれば、たいていのことは想像がついてしまいます。しかしそのとき〝そんな当たり前のことか〟と甘く見る人は、行動しないため伸びません。だまされたと思ってやってみると、その学生には思ってもみない変化が起きてきます。新聞を切り抜くと、社会に対する目が開かれ、池上彰さんのような気分になってくるのです。

思いがけない変化が！
当たり前のこと、小さなことを
コツコツ続ける

アドバイスを素直に受け入れることが、成長への第一歩

それは、難しいニュースを説明する側に回るということ。池上彰さんの説明を聞いて〝わかりやすくていいな〟と思っている人は多くいますが、あくまでも受動的。思っているだけでは、絶対に池上彰さんのようになることはできません。

新聞の切り抜きは一見小学生的ですが、やってみると、非常に高い効果がある。「当たり前だから」と、やらないままでは、本当にもったいないのです。

子貢という人は、それなりに頭のよい人でした。だから、こういうことを言ったけれど、本当にはやらないのではないか。そうしたいと口で言うだけではないのか。本当に難しさを知っていたら、簡単には口にできないはずだと、孔子はチェックを入れています。

相手の本気度や水準を見て、目標設定を確

かめ、「おまえの目標はそんな高いところではなく、ここだろう」と言っている。たとえば、「絶対に嘘をつかない、くらいのレベルではないか」という話です。

こういうところに、孔子の厳しさが垣間見えます。本人がへこもうが、泣こうが、言うときは言う。そこにはビシビシ言える師弟の関係があります。

かわいいからこそ、突き落とす

私が大学に就職した頃、まだ学生との年齢差があまりありませんでした。そのため、お互いに遠慮がなく一体感があって、私も言いたいことを言っていました。

「君は、吸収してばかりで発言しようとしない。光を出さないからブラックホールというあだ名にしよう」

「あなたの発言は、十中八九、的を外しているよ」

などと、厳しい言葉をかけ続けたのです。相当厳しく言いましたが、客観的な意見なので他の人も納得します。不思議なことに「ブラックホール」と「的外し」と呼んでいた二人は、厳しくしても厳しくしても、ついてきました。そして、彼らは徐々に変わっていったのです。

十年経つと、「ブラックホール」は人に教えられるようになったし、「的外し」も、だんだん的を外さなくなっていった。私の影響だけでなく、時間を重ねたためでもありますが、見事に変わりました。二人とも明治大学の学生でしたが、その後は東大の大学院に行き、今では大学の先生をやっています。

最初の頃を思えば、〝あんなに人に教えることをイヤがっていたのに、あんなに的を外していたのに、いったいどうしたの？〟という感じ。私は率直にしか表現できないので、そんなふうに今も彼らに言うことがあります。

普通なら、厳しく言ってしまうと生徒があまりにもへこむので、言わない先生も多いのです。しかし当時の私には、そういう配慮がありませんでした。三十代前半で容赦がなく、批判力が強すぎて黙っていられなかった。学生にはビシビシ言うのが当たり前だと思っていました。

その頃の自分を思うと若かったという思いもありますが、客観的視点でビシッとものを言う人間は必要です。今の時代は特に、こういう人を嫌う傾向があります。何か言われると嫌いになる。しかし、それでは伸びません。そういう人に食らいついてこそ、根性がすわってきます。

孔子は子貢に「おまえのできることではない」と言いました。きっと子貢は絶句したでしょう。弟子が絶句するようなことを、先生が平気で言う。弟子はへこんでもついていく。信頼関係があり、距離が近い感じがします。

私が指導した「ブラックホール」と「的外し」も、当時は毎週のように飲んだり、合宿をしたりしていました。距離が近いから、思い切り言っても大丈夫だったのです。弟子への厳しい叱責は、親ライオンが子ライオンを崖から突き落とすようなものかもしれません。

正しいプレゼント

己の欲せざる所は人に施すこと勿かれ。（顔淵第十二の二）

――自分が望まないことは、人にもしないように。

孔子の教えの中でもっとも有名な言葉の一つですが、孔子自身も難しいことだと語っています。

エネルギーは溜めすぎないほうがいい

道徳感情の発達段階には、「ギブ&テイクを理解する」ということがあります。これはまず、「テイク=自分が取る」から出発します。テイクの後にギブがある。そしてやりとりを学ぶ発達段階では、ギブした後にテイクがある、と変化していきます。一回自分の欲望を保留できる。取ろうという気持ちをまず抑えて、ギブできる。この「溜め」ができるということが、発達段階では大事なのです。

「ギブ&テイク」よりも、もう少し上の段階にいくと、「贈与感覚」というものがあります。これは、見返りがなくてもギブできるか、ということ。何かをしたとき見返りを求めるのが「ギブ&テイク」の考え方ですが、これはあげることを面白がる感覚です。

贈与というと固く聞こえますが、「贈与論」は一つの学問分野。マルセル・モースというフランスの社会人類学者が研究をしています。世界中の様々な民族を見ると、相手の部族に向かって、物をあげることで自分たちの力を示すポトラッチという儀式があります。資本主義というのはお金を儲けて貯めるほうにいきますが、そうではない。蕩尽し、使い果たしてあげてしまう。そうして相手と関わっていくのです。

自分の自尊心を満足させるためではなく、「人にあげる」ことを中心に考えていくと、ある種の「アナザー経済学」が成立します。ジョルジュ・バタイユ（フランス人思想家）によって有名になったものですが、人間のエネルギーというのは、溜め込んでいると具合が悪くなる、という説があります。エネルギーは溜め込みすぎてはならない。動かしたほうが、調子がいいのです。上手にエネルギーを発散させて人に何かをすると、循環がよくなります。

もちろん、自分がされたらイヤなことをしないというのは原則ですが、施すことをサービス精神として持っていないのは、寂しいものです。だから、プレゼント感覚で何かをちょっとしてあげる。それはギブ&テイクではなく、「自分の運動」としてとらえるとよいでしょう。

ときどき、そういうことが自然にできる人と出会います。彼らは何気なく親切で、マメ

言葉もプレゼント！

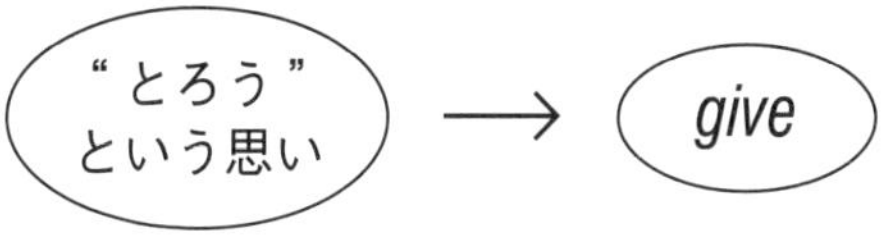

プレゼントは「ギブ＆テイク」から「自分の運動」へ

で、お礼状もちゃんと書くので、人脈がすごく広がっています。人に何かされたとき、ハガキが一枚届くとうれしいものですが、そういう人は〝自分でもやってみよう〟と思うのでしょう。しかも、義務ではなく自分のエネルギーの発散の場所にする。そういう人は、人に何かをさりげなくあげたり、どこかへ行ったら必ず上手なおみやげを買ってきてくれます。

もらってうれしいもの、困るもの

私のゼミにも、海外旅行などに行くと、みんなにおみやげを買ってくる学生がいます。えらいなと思うのですが、選び方も結構上手。先日は、東南アジアに行った学生が、アジア特有の素材を使った栞《しおり》を買ってきました。

栞というのはなかなかいい選択です。軽い

し、もらったほうも無駄にならないし、おみやげとして高価すぎもしないし、人数がたくさんいても、ある程度の数は買えます。

「いいものを買ってきたね」と褒めたのですが、こういう機転のきかせ方は、様々な場面で役立ちます。自分があげたいものではなく、相手がもらって負担にならないものを考えて、プレゼントする。

それができていないケースとして挙げたいのは、様々な学会やイベントでの「何十周年記念の盾」や置物のようなもの。何にも使いようがなくて、もらってもしんどいばかりです。きれいなお皿の裏にイベント名が書いてあるのならまだしも、置物にしか使えないのは、かなりつらい。

誰が何を考えて、こういうものを選ぶのでしょうか。贈り物というのは、伝統とか慣例とかではなく、人がもらって喜ぶかを基準に選ぶことが大事です。それをシミュレーションできるかということが、贈り主に問われます。人に意見を聞いてみて決める、ということも大いにありです。

相手に選択権をあげよう

たとえばデートに誘う場合、「この映画、誘われたらどう?」と聞いてみる。「うれしい」のか「キツイ」のか、事前に聞くといいのです。そうしないと、チケットを買ってしまった後では、迷惑なだけになってしまいます。あるいは高価なフレンチレストランに誘ったとしても、相手が油っぽいものが嫌いなら、それだけでアウトです。誰にでもＯＫというものは、あまりありません。

そのときの質問の仕方には、コツがあります。

「ＡとＢなら、どちらかというとどちらがいい？」

そうすると、答えが返ってきます。「これどう思う？」という選択肢のない聞き方をすると、イヤだと思っていても「いいね」と言ってしまうケースがあるからです。日本人の多くは、物事をはっきりと言えません。だから「どちらがいい？」と聞いてみる。「Ｂがいい」と言われたら、「Ｂの中に、Ｂ１とＢ２があるんだけれど、どちらかというと、どっちがいい？」と、さらに聞いてみる。選択肢を提示することで、よりよい答えを見つけることができます。

おみやげやデートだけではありません。「言葉」も使い方によって、素敵なプレゼントになります。たとえば「〇〇さんが、あなたのことを褒めてたよ」と、第三者の褒め言葉を拡大して伝える。本人にとってはうれしいものです。プレゼント的に使うと、他者とのよい関係が築けます。

正しいモテ方

徳は孤《こ》ならず。必ず鄰《となり》あり。（里仁第四の二五）

――いろいろな〈徳〉は、ばらばらに孤立してはいない。必ず隣り合わせで、一つを身につければ隣の徳もついてくる。

まず一点突破してみよう

この言葉には二つの解釈があります。

一つは「道徳的にしっかりしている者は孤立しない」という意味。もう一つは「『義』や『信』という徳を持っていると、その徳は『仁』などの他の徳をも連れてくるものだ」という解釈です。

後者の解釈は、一つが身につくと他のものがついてくるということ。そのために、まずは一点突破することを考えましょう。あれこれ拡散してチャレンジするより、一点突き抜けたほうが上達や攻略が早いのです。ここでは、モテ方に限定して話をしましょう。

一人の男性が、一人の女性に対して熟達したとします。この一人を突破できると、必ず

〈一点突破式〉

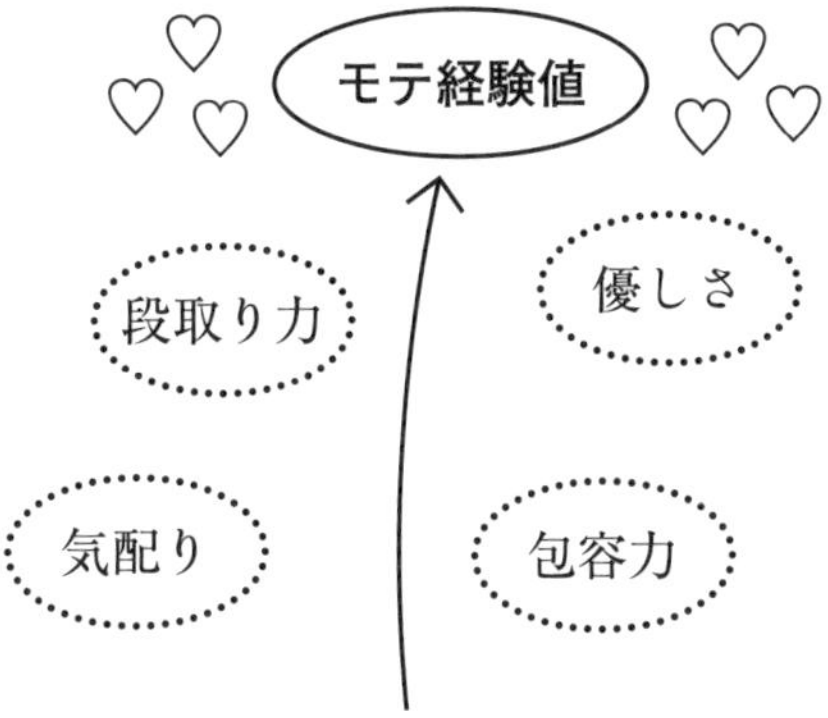

一つ攻略すると、思わぬ余録がいろいろついてくる！

隣がついてきます。隣の女性がくっついてくるという意味ではありません。必ず他の女性にも、モテるようになるのです。

「モテ経験値」が上がるというのは、男女関係における人生の経験値が上がるということ。これも一種の徳だと考えると、他の女性に対する値も上がります。それは、「優しさ」や「段取り力」や「気配り」や「包容力」といったことでしょう。

今、二十代の女性が四十代の男性に惹かれると言います。こういう報道がされたときに〝ついに上戸彩も、Ｖ６からＥＸＩＬＥか！〟というような受け止め方をするのではなく、なぜ四十代がモテるのか考えてみるのです。普通に考えれば、二十代は二十代の同世代とつきあえばいい。しかし、四十代の男性は包容力もあるだろうし、社会的経験値も違います。一説によれば、今の四十代は女性とデートをするために、車の免許を取って、レストランに行って、たくさんのお金を使ってきた世代です。それに比べて今の若い男性は、車の免許もないし、デートに車を使うという発想もない。そもそもデートをしないというし、お金も常にワリカンです。

私は一九六〇年生まれなので、二十代はバブル期でした。クリスマスというと、非常に熱気があり、お金がかかる時代だったのです。私はそのとき大学院生でお金を持っていなかったので、バブル期の恩恵を受けませんでした。非常に風向きが悪かった。しかし今思えば、その時代にある種のモテ練習みたいなことをした人は多くいるでしょう。

そのときに得た社会的成熟の中で、女性とのつきあい方がわかった人は、それが包容力につながっているのです。モテるというのは、一つの社会力です。経済力だけではなく、直接の「対人間」能力なのです。

女性というのは、包容力や柔軟性、上手に話を聞いてくれたり、受け流してくれる人を求めています。男性にとって女性は、人間関係の最高の練習メニューです。

経験値によってモテる

『アンナ・カレーニナ』の小説を読むと、女性には非常に不安定な部分があるとわかります。主人公のアンナは、感情がガーッと揺れ動くタイプ。亭主のカレーニナはごく普通の男なのに、ものすごい荒船に乗せられている気分で生きています。アンナに勝手に浮気されて、勝手に文句を言われて、勝手にまた和解して、もみくちゃにされて、彼のほうが精神的に成長していくというストーリーです。

恋愛というのは、船で鍛えられる漁師のように、まずは海に漕ぎ出すことが必要です。そして一つをこなすと、いろいろな能力が備わってくる。得か損かでとらえるのではなく、いろいろ失敗もしてみると、身につくものがあるのです。

子育ても同じです。面倒くさいと思ってもやっていると、子育て以外の他の能力が付随してきます。

私は、「経験値によってモテていく」というのが、男性の正しいモテ方だと思います。「経験値＝フェロモン」です。もちろん、素材として「時分の花」という時期はあるでしょう。若いときには花が咲いている。しかし、世阿弥が言う「やがて枯れるもの」でもあります。そうではない時期に、花を咲かせようと努力することで、仕事などにも通用する包容力が身につき、こなれた雰囲気が出て、それが魅力となっていきます。

デートのときに鍛えた段取り力が仕事の中で生きてきたり、顧客とのつきあいでも〝女性相手よりは楽かな〟という気持ちになったりする。次々に違う女性に目移りする男性もいますが、まず、一人とがっちり向き合うことで、思わぬ力がついてきます。

その点、難しいのは女性です。女性にも経験値が大事だと思いますが、男性に関する経験値が高いことが、男性にとって魅力的かどうかはまた別の話です。本来なら、男性経験値の高い女性ほど、こなれて包容力ができていくことを、男性は評価すべきでしょう。処女信仰崩壊というのが、社会の成熟した方向性ではないかと私は思いますが、必ずしも今の日本では通用しないのが残念です。

第三章　学び編

正しい学び方

学んで思わざれば則《すなわ》ち罔《くら》し。思うて学ばざれば則ち殆《あや》うし。（為政第二の一五）

――外からいくら学んでも自分で考えなければ、物事は本当にはわからない。自分でいくら考えていても外から学ばなければ、独断的になって誤る危険がある。

語彙が足りないと思考は深まらない

孔子の言う「学ぶ」とは、書物を読んで先人の考えを学習すること。「思う」とは、自分で掘り下げて考えること。外側から知識を吸収し、内側を掘り下げる。この二つのバランスをとることの必要性を説いています。

孔子は、常に「バランスのとれた人生」を提唱していました。中庸という概念でも示されていますが、何事も極端に偏ってしまうと、うまくはいかないからです。

これは、やじろべえ思考とも言えます。やじろべえというのは、両方の腕の長さが同じなら真ん中でバランスがとれますが、片方の腕が長かった場合には、そちらの錘《おもり》を軽くすればいい。短ければ重くすればいい。ど真ん中が中庸なのではなく、両方のバランスがと

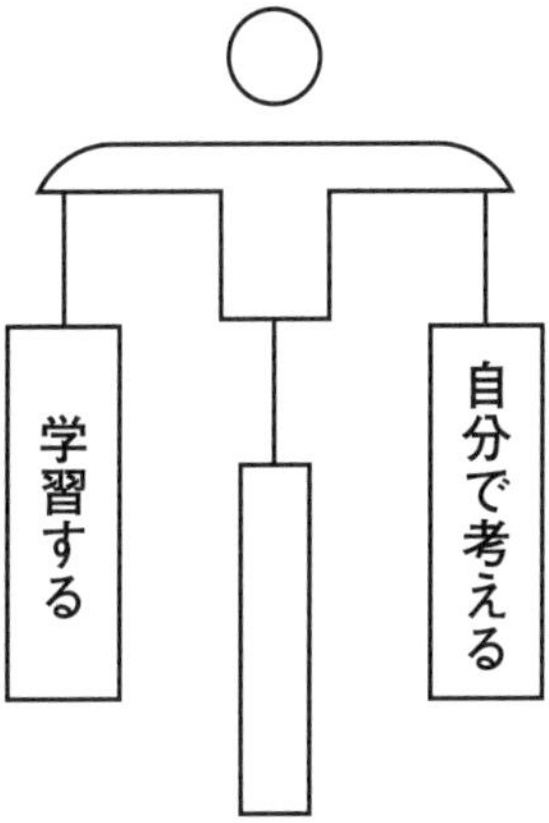

バランスが肝心！

れていればいいのです。

思考しようとする人は、実は自分の考えに自信があればあるほど、外からあまり学ぼうとしない鈍感なところがあります。私の教えている学生の中にも「なぜ本を読まなければいけないのか」という質問は結構多い。そういう人にはまず、「学ぶ＝本を読む」ことだと教えることになります。

本を読まない人は、深く考えることも難しくなります。なぜなら、語彙が増えないからです。語彙が足りないと思考がうまくいきません。

たとえば英語について考えるとよくわかるのですが、小学校低学年程度の語彙しかない場合には、どうしても小学校低学年程度の思考になってしまうのです。

脳科学者の川島隆太さんと対談したとき、

川島さんは「書き言葉でなければ、語彙は増えない」と言っておられました。要するに、話すときの語彙の量には限界があるが、書物の中には圧倒的に豊富な語彙がある。つまり、読書と語彙の習得量には非常に密接な関係があり、そこに思考力も深く関わってくるというわけです。

孔子は、本を読んで学び吸収することと、自分で深く掘り下げていくことの両方がなければダメだと言いました。しかし実は、これら二つは連動していて、学ばない人は深く考えること自体が難しいということがわかります。

本の中に自分の刻印をきざむ

一方で、本を読むのは好きなのに、深く考えることが難しいという人がいるかもしれません。

そういう人にとって必要なのは、「考えながら本を読む」ことです。読書をするとき、私は三色ボールペンを持って「ここが大事」というところをチェックしながら読みます。たとえば、自分が興味を持ったところには緑色、大事なポイントは赤、次に大事なのは青という具合です。気になるところには◎印をつけます。面白いと思ったら、爆笑顔のイラストを描いてみたり、よくわからないところには△印や?印を書き込んだりする。

その他にも、本の中で著者が問いを立てたときには、「?」と書いたり、「三つのポイントがあります」と書いてあれば、ノートのように①、②、③と書き込んでいきます。たとえ小説であっても、こうして印をつけながら読んでいくと、それが考えるということにつながっていくのです。

日本人の多くは、こうして本の中に踏み込んだり、本に自分を入れ込むことを嫌います。嫌う理由は、どこをどんなふうにチェックしたか他人に見られたくないとか、本を汚すことに抵抗があるとか、大事にとっておきたいとか、いろいろでしょう。しかし、本をきれいに読むことは、必ずしもよいことではない。そもそもそういう考えが間違いだと私は思っています。

ガシガシとボールペンで書き込んで汚し、パラッと開いたときに大事なことが目に飛び込んでくるようにして、その本じゃなければ自分にはダメだ、というくらいになっているほうが、むしろよいのです。

それに最近は、読み終えた本を古本屋に売ったとしても、大したお金にはなりません。ならば、自分と直接関わった本には「自分の思考の刻印」を残したほうがいい。

山本譲二さんが歌う「みちのくひとり旅」の中に、「おまえが俺には最後の女」というフレーズがありますね。あの歌は、いろいろな経験を経てきて、おまえが最後だと歌っていますが、本にも思い切って踏み込んで〝この本は、自分のところで最後の本だ〟と思えばいい。そういう勢いで本と接してあげることが大事だと思います。

刻印をきざむことによって、「考えながら読む」ことができるようになります。語彙をちゃんと増やしつつ、普段の話し言葉ではできない思考が動き出すのです。

本から学んだことを人に語ると、さらによいでしょう。きざみ込んだ内容が自分のものになり、忘れることもありません。

私の大学の授業では、考えるときには紙に文字を書いて学生に考えさせるようにしています。そうすると、考えが確実に進むようになります。社会人なら、会議でホワイトボードなどを使いましょう。目の前で書くと考えが進み、それが積み重なっていく。今まで見えていた情報が、整理されやすくなります。

基本にあるのは、「言葉で思考する」こと。思考というのは、言葉と共にあり、言葉で培ってきた情報や経験や知識が重要です。

そうやって考えてみると、「学ぶ」ことと「思う」ことを組み合わせ、「それが正しい学び方だ」と孔子が言ったことも理解できるでしょう。

正しいワザとしての引用力

斉《せい》の景公、馬千駟《し》あり。死するの日、民徳《とく》として称すること無し。伯夷《はくい》・叔斉《しゅくせい》、首陽の下《もと》に餓《う》う。民今に到るまでこれを称す。其れ斯《こ》れをこれ謂うか。（季氏第十六の一二）

――斉国の景公《けいこう》は、馬四千頭を所有するほど富を持つ君主であったけれども、死んだときには誰も徳（人格）を褒める者はいなかった。一方、伯夷と叔斉は首陽山《しゅようざん》のふもとで飢え死にしたけれども、人々は今に至るまで褒めている。『詩経《しきょう》』にある「その名が賞讃されるのは、富によるのではなく、普通の人間とは違う徳行による」という言葉は、このことを言っているんだろうね。

万有引用力を身につけろ！

「『詩経』には、このように書いてあるね」

孔子が昔の言葉を引用して語っています。古《いにしえ》の言葉は、このように引用できてこそ、身につきます。

私たちの知識には、「受動的な知識」と「能動的な知識」の二種類があると言います。

長年英語を学んでいてもパッと言葉が出ない人は、英語が受動的知識になっており、箱の中からなかなか出せないのです。箱からすぐに出せるのは、かなり能動的な、使える知識となっているものです。

使える知識にするには、引用の練習をしなければなりません。知識を常に〝ready〟な状態にしておくのです。まずは「これを使ってみよう」と自分で決め、一、二度引用してみます。するとその知識は〝ready〟となり、車庫のシャッターが上がった状態になります。

実は人間というのは、シャッターが下りて、エンジンも冷え切って、鍵がどこにあるのかもわからないような知識をたくさん持っています。しかし、それではせっかく勉強した意味がありません。

私が目指しているのは「知識の救急隊員化」。さっと出動する救急隊員のように、呼ばれたらすぐ飛び出していける知識にする。スタンバイ状態の知識が増えたほうが、知識の絶対量が多いよりも、断然効率がよくなります。

頭の中を「救急隊員」のような状態にしておくと、本も速く読むことができます。というのは、救急隊員になる必要のない、生涯自分には縁のない知識を、選り分けながら読めるからです。

知識の中で「自分に関わってくるもの」をAグループ、「まあ勉強にはなる」という程

濃淡読書法のススメ

① １冊の中で２割Ⓐを探す。

↓

② Ⓐの中で“Ｓレベル”を引用する。

↓

③ 人にどんどん話す。

↓

④ 引用することが習慣になる。

↓

⑤ 知識の救急隊員化。

万有引用力
すべてのものは、
引用可能である！

度のものがＢグループ、「生涯縁がない」ものをＣグループとします。Ａグループに当てはまるのは、どんな本でも全体のだいたい二割程度。その部分に目を定めて読書をします。また、Ａグループの中でも、特に引用したい部分はＳグループとして、しっかり読み込みます。そうすると、一冊を三十分から一時間で読むことができます。

　私がやっているのは普通の速読法とは違います。速読法は、どのページも均等にめくって目を動かしていく。それもいいのですが、私の方法は、自分と関係がないページを飛ばしていく「濃淡読書法」です。

　濃いところは徹底的に、三色ボールペンで印をつけまくる。でも、縁がないところは二十〜三十ページ大胆に飛ばしてしまう。

　そうして最後まで読んでいくと、一時間ほ

どでどんな本でも最後まで読むことができるのです。

　隅々までしっかり読んだとしても、人は自分に縁がない部分は、ほとんど忘れてしまうものです。それならば、ナイスな言葉を三つ四つ確実に身につけられるほうがいい。ただし、その部分は前後の内容もしっかり理解するために、丁寧に読みます。そうすると、引用も上手になります。

　あらゆる機会に、あらゆるものを引用できるようにしておく。これを私は「万有引用力」と呼んで、褒めたたえています。すべてのものは古の引用でできており、すべてのものは引用可能である。テレビで知った言葉でも「これは引用しよう」と手帳にメモをしておく。そうすると、人に一、二回しゃべれば覚えることができます。

　孔子は、弟子たちの前で『詩経』の話をすることで、どんどん引用のワザを高めていきました。学んでも引用しなければ、知識の活躍の場がなくなります。そして、エンジンが冷え切って、知識がどこにいったかわからなくなってしまうのです。アウトプットすることが大事だと思います。

正しい基本

小子《しょうし》、何ぞ夫《か》の詩を学ぶこと莫《な》きや。詩は以て興《お》こすべく、以て観るべく、以て群すべく、以て怨むべし。邇《ちか》くは父に事《つか》え、遠くは君に事え、多く鳥獣草木の名を識《し》る。

（陽貨第十七の九）

――おまえたちは、どうしてあの詩三百篇を学ばないのだ。詩を朗誦すれば、志や感情が高められ、物事を観る目が養われ、人とうまくやっていけるし、怨《うら》むようなときも怒りにまかせることなく処することができるようになる。近く父に仕え、遠く国君に仕えるのにも役立つ。そのうえ、鳥獣草木の名前をたくさん識ることができる。

共通テキストで文化水準が上がる

なぜ詩を学ばないのか――。

詩を学べば、こんなにいいことがたくさんあるのに、と孔子は言います。私も学生に「ニーチェやドストエフスキーを読んできなさい」と言っていますが、なかなか読んでくれないので、何度も言わなければなりません。「役に立つ基本テキスト」だから読んでほしいのに、思いは伝わりにくいものです。

孔子は、自分の基本テキストをしっかり持っていました。詩のセレクト集みたいなもので、三百篇ほどあり、それを暗誦しなさいと弟子たちに言っていました。すると、集団のみんながその詩を知ることになる。これは非常に強力な武器になります。

もともと日本人も、基本テキストを持つことで強くなってきました。みんなが『論語』を知っている。『学問のすゝめ』を読んでいる。夏目漱石の『坊っちゃん』や『こころ』や『吾輩は猫である』も読んでいる。

そういう共通テキストがあればあるほど、国民の活力や知的レベルは上がります。一人ひとりがバラバラに読むのではなく、共通のものにすると、一気に話が通じやすくなる。それが、文化教養の水準なのです。文化国家には、そういうものがたくさんあります。

たとえばフランスでは、デカルトの言葉やラシーヌやラブレーなど、彼らが暗誦しているものがいくつかあります。イギリスにはシェイクスピアの戯曲があるので、みんなが知っています。さらに広く言えば、西洋社会には聖書があり、日常生活での引用率はとても高いのです。

みんなが共通して覚えている言葉があり、それを引用しながら話すことで、価値観を共有できます。また、感情に対する基盤も共有できる。〝ああ、わかる、わかる〟という気持ちが、互いの理解を深めるのです。同じものを知っているというのは、非常に大事なこ

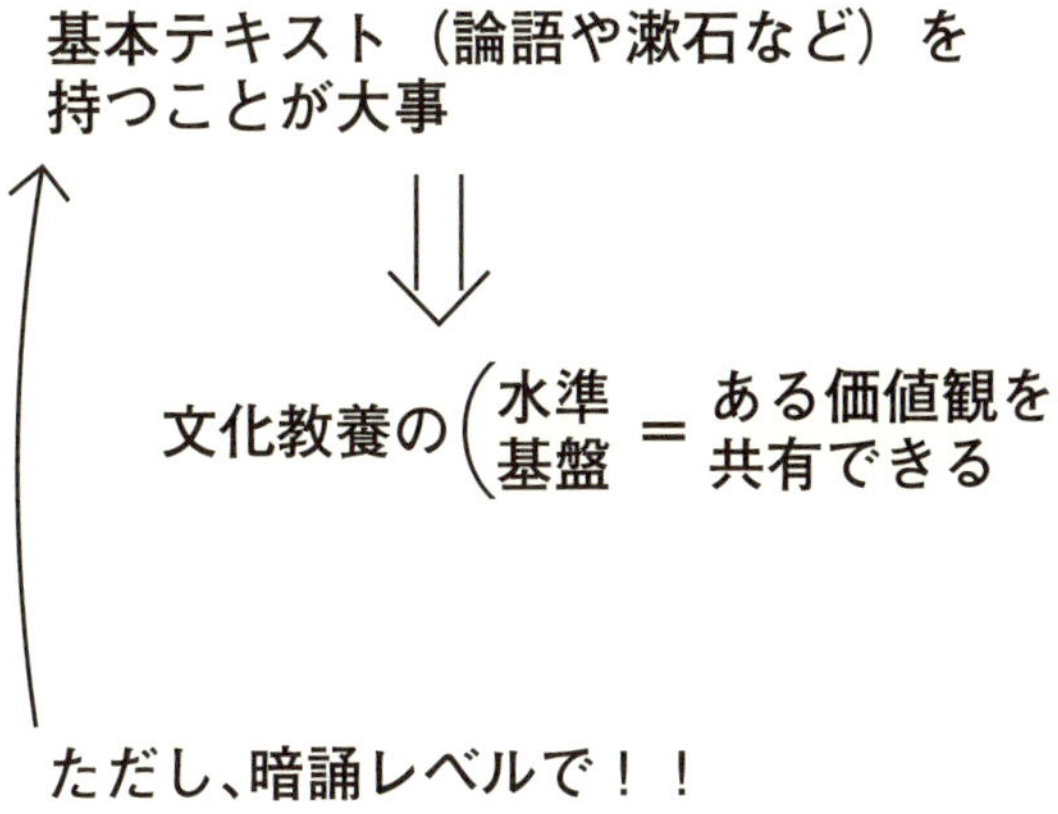
基本テキスト（論語や漱石など）を
持つことが大事
文化教養の
水準
基盤
＝
ある価値観を
共有できる
ただし、暗誦レベルで！！

とだと思います。

　ところが、日本の国語の教科書からは、共有していたテキストが、減ってきています。『ごんぎつね』や『こころ』、あるいは『山月記』や『羅生門』などは、今も掲載されているのでみんなが知っていますが、もう少し多くのものを共有できるほうがいいと思います。ただし、テキストというのは暗誦し、生活の中で引用できなければ、学んだとは言えません。「言われればわかる」とか「読んだことがあるような、ないような」というものは、学んだうちに入りません。

　人生を支える基本テキストを持つこと。また、仲間みんなが覚えているテキストを持つ大切さを、孔子は説いています。

正しい知恵のつけ方

述べて作らず、信じて古を好む。窃《ひそ》かに我が老彭《ろうほう》に比す。（述而第七の一）

――私は、古の聖人の言ったことを伝えるだけで創作はしない。私は、古の聖人を信じて、古典を大切にしている。かつて殷《いん》の時代に老彭という人がいて古人の言ったことを信じて伝えた。私はひそかにこの老彭に自分をなぞらえている。

すべては昔から言われてきた

今の時代は、クリエイティブであるかどうかが、常に重視されます。しかし、孔子は言いました。

「自分は、クリエイティブなことを言っているのではない。古のよき言い伝えをもう一度語っているだけなのだ」と。

すべては古の聖人たちが語ったことであり、実現していないことを、もう一度世の中に言い続けているだけだ、という意識を孔子は持っていました。だからこそ、『論語』は偉大なる言葉として後世に残り続けてきたのです。

step 1
先生の話を聞く
→
step 2
メモをとる
→
step 3
二人一組になって口に出して繰り返す

勉強は、伝言ゲームの発展形

そう考えてみると、「述べて作らず」の気持ちでいるほうが、クリエイティブであることだけを目指すよりも、効果があるのではないかと思います。

まず、「述べる」ということは意外に難しい。大学受験などでもそうですが、世界史の内容や国語の現代文などは、言われたことをもう一度要約して述べることが重要です。試験のための勉強は「伝言ゲームの発展形」みたいなものですが、これができる人とできない人の差は大きいのです。アイディアがわくかわかないかは偏差値と一致しませんが、伝言ゲームに関しては一致します。つまり、「述べる」ことを軽視していると、学問は身につきません。

私の授業では、言われた内容を記憶してももう一度人に語るという「再生方式」を取り入れています。

私が話したことを学生がメモし、次にメモを見ないで二人一組で話を繰り返す。その場で伝言ゲームをさせるのです。チェックし合って、どこが漏れていたかを確認します。

なぜこのようなことをやっているかというと、授業内容をもう一度語れないようなら、授業を受けても意味がないからです。三十分の内容なら、三分くらいに要約して友達と家族にしゃべりなさい、という指令を出します。そうすると、授業の内容が身につくのです。

「大事なことは古に、たいてい達成されている」

これは、ゲーテも言っています。

「今の人は新しいものを生み出すと言っているが、実は自分の思い込みであり、ものを知らないだけだ。昔を知らないから生み出していると思っているのだ。本当は古のものをもう一度再生するだけでも大変だ」

人類史上最大の彫刻家ミケランジェロは、古代ギリシャの彫刻を見て〝これにはかなわない〟と思い続けていました。そして、それらに近づこうとして彫刻をやっていたのです。もちろん、技術的には超えていた部分もあると思いますが、精神性においては超えられないものを感じていたと言います。

たまたま土から掘り出された古代の彫刻に本物の凄みを感じ、自分の腕でもう一度作ってみた。それが再生という意味のルネッサンスです。

ルーブル美術館や、ロンドンのナショナルギャラリーなどでは、たくさんの若い人たちが模写をしています。模写というのは絵においての「述べる」作業です。古の人の作品を、自分の体で体感する。そこで初めてわかることがあるのです。

暗誦すれば宝物が得られる

芸術家の場合は、創作的なものが重視されるため、やがては自分のスタイルを確立しなければなりません。また、科学技術の世界でも新しい発見は重視されます。しかし、芸術や科学の場合もまた、先人の蓄積を学ぶことから、発見が始まります。

ましてや、学問は人としての道であり、古の人が経験したことに到達できるかどうかが問われます。そこが、芸術や科学技術とは違うところです。考えてみれば、時代は進歩しても、赤ちゃんは何も知らずに誕生します。誰もがゼロから社会のルールや礼儀を覚えて学んでいく。古代の聖人も、現代に生まれた赤ちゃんも、同じスタートラインに立っているのです。

未熟なまま死んでしまう人もいるように、一人の人間が生涯でやれることは限られています。そういう意味で「述べて作らず」とすっきり言うところが、孔子の凄みです。自分は、創作はしない。

「これ、自分が初めて言った言葉だと思うんだよね」

なんて、決して言いません。初めて言った言葉もあるとは思いますが、それでも孔子はこう言います。

「勉強し、先人の言葉を覚えて、何度も暗誦するのが大事だ」

私も毎年、ゼミの学生たちにニーチェの『ツァラトゥストラ』のセリフを暗誦してもらいます。何月にはこれをやると決めているので、みんながだんだんにセリフを覚えていく。そうすると、飲み会などの雑談の席でも、そのセリフが飛び出します。「今日はロバ祭りだ」とか、普通の人が聞けば意味がわからないような言葉も交わされます。詩や言葉を暗誦し、引用できる言葉をたくさん持たせるようにすることが、孔子の揺るぎない指導法です。

正しい理解

これを知るをこれを知ると為《な》し、知らざるを知らずと為せ。是れ知るなり。（為政第二の一七）

――はっきりわかっていることだけを「知っている」こととし、よく知らないことは「知らない」こととする。このように「知っていること」と「知らないこと」の間に明確な境界線を引ければ、本当に「知っている」と言える。

境界線をはっきり引けるか

簡単なようでいて、深い言葉です。〝知ってる、知ってる〟と思っていても、実はわかっていない人は多い。これは、試験をするとはっきりします。特に数学のテストなどではあからさまになります。「知っている」状態と、「できる」状態とでは、大きな差があるのです。「できる」に到達するまでに、本当は地道な努力が必要です。

ところが現代は情報化の時代なので、情報を「知っている」か「知らない」か、だけが問われます。その情報がワザとして身につき、活用できるかは問題にされないまま、

「知ってる、知ってる！」だけで終わってしまうのです。

しかし、知識のもっとも重要なところは、自分がどこまでわかっているかを突き詰めていくこと。科学の最先端にいる人は、常にこれを意識しています。科学者というのは、どこまでわかっていて、どこからがわからないかを手がかりに、次の実験を組み立てるからです。

「科学と論語」というと遠く離れた世界のようですが、もともと古代ギリシャでは、科学的な発想と哲学はつながっていました。

それと同じように孔子も、わからないことや知らないこと（未知）と、すでにわかっていること（既知）の間に境界線を引くことを重要視しました。境目にきっちりと線を引き、その線が明確であればあるほどよい、と考えたのです。

テストがうまくいかない人や、仕事が曖昧な人というのは、「何がわからないの？」と聞いても、「何がわからないかが、わからない」と、線を引くことができず、なんとなくもやーっとした気分でやっています。これは、一番伸びないタイプです。

逆に、教師に何を聞けばいいかわかっている人は、すぐに伸びていきます。

「境界線を引く」ためには、思考の練習をする必要があります。たとえば会社の場合、上司が部下に対して「今、どこまでわかっていて、どこからがわからないのか」ということを、常に確認する。

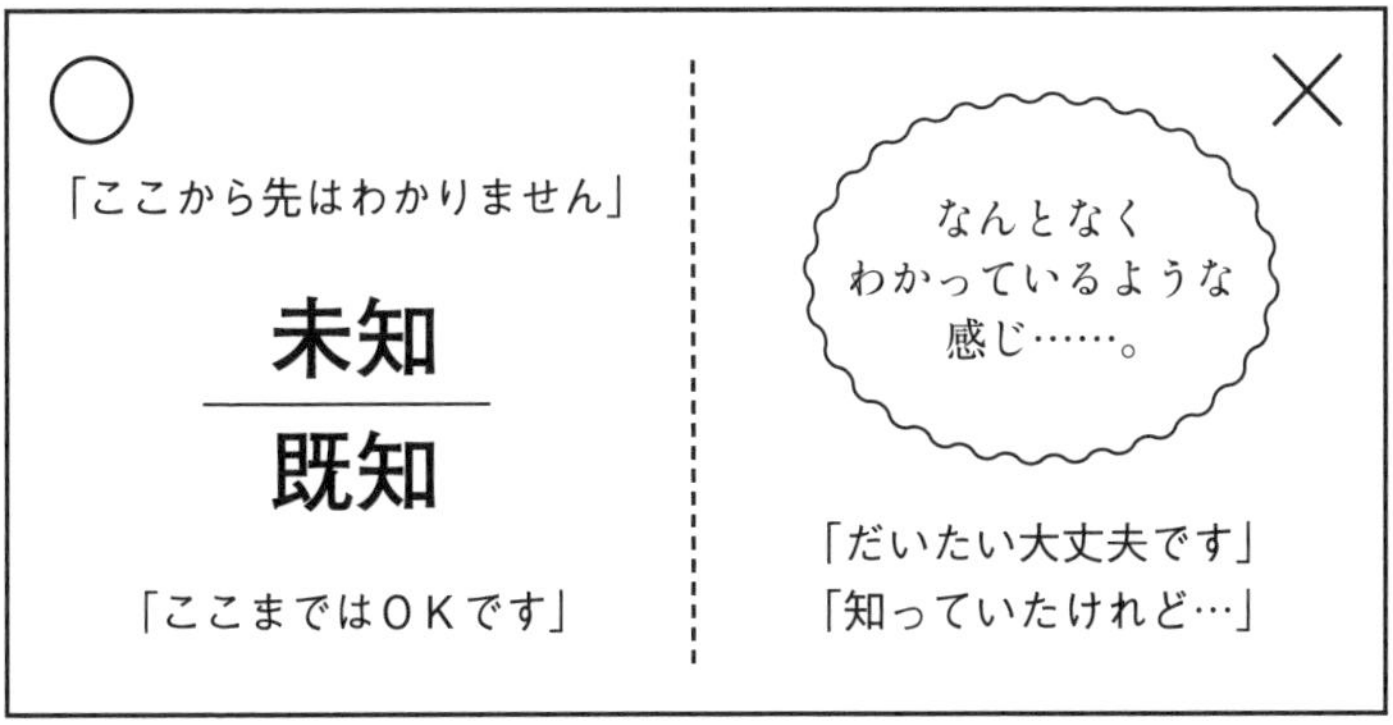
○
「ここから先はわかりません」
未知
既知
「ここまではＯＫです」
×
なんとなく
わかっているような
感じ……。
「だいたい大丈夫です」
「知っていたけれど…」

**「わかること」と「わからないこと」を
明確にすることが「できる人」への第一歩**

「ここまでは自分でできます。でも、ここから先が曖昧です」
「だから、百パーセントの信用はしないでください」

と言うくらいまで、はっきりさせる。

野球の選手なら、「自分はバントならできますが、ヒットは打てるかどうかわかりません」と言うようなもの。「境界線を引く」とは、「確実にできることを明確にしていく」と言い換えてもいいでしょう。

できることはできるとはっきりさせ、できないことはできないと言えるのが、本当のできる人なのです。

境界線を引くことを、ワザ化する――。重要なのはここです。

これができる人は、自分の能力を常に意識化できるので、自分に不向きなことがあったとき、無理に踏み入ることをしません。そのかわりに得意なところをググッと押し出し、「ここの範囲なら大丈夫です」と、自信を持って請け負うことができます。

これで仕事の確実性は上がり、同時に次のステップも見えてくるのです。

ぼんやりしているとトラブルが起きる

では、そのワザはどうすれば身につくのか。

前にも書いたように、わかっている人が質問し、確認をしていかなければなりません。上司や教師がどんどん質問をして、境界線を引く練習をさせることです。「君はこれくらいならできるのか?」「これがわかっているのか?」「この作業はどのくらいのスピードでできる?」という具合に、どんどん確認します。

トラブルやミスのほとんどは、確認不足が原因です。ぼんやりなんとなく作業をやってしまうときが、一番危険です。ですから、「自分は、これはできてこれはできません」「これは知っているけれど、これは知りません」と、はっきり言えるような状態で臨めば、なんとなくやるよりもずっとミスが減るのです。

たとえばある学生は、教育実習でこんなことがありました。

「先生、この国の言語は何ですか?」と生徒に聞かれ、調べてもいないのになんとなく答えたのです。それが間違っていて、本人にとっては大きな傷になってしまいました。

社会人でも、顧客に対して安易に答えてはいけない場面で、なんとなく「大丈夫です」と言ってしまうことがある。そういうときに限って、「大丈夫だと言われたのに、ダメだったじゃないか」とクレームがきてしまうのです。

クレームの多くは、境界線を示せなかったことによるものです。「ここまではいいけれど、ここから先はダメです」とはっきり顧客に伝えること。それが会社の理解と一致していれば、大きなクレームにはなりません。「話が違う」から、クレームになるのです。トラブルを未然に防ぐためには、自分でチェックボックスを作り、仕事で重要なポイントを書き出すこと。確実にできることには赤い二重丸、ここはあやしいというものは青や緑で色分けしたり、記号で分けたりして、くっきりさせるとよいでしょう。

もう一つ大切なのは、わからないときには「ここがわからない」とはっきり言えるようになることです。たとえば会議中、わからないことや疑問があるときには資料に「?」印をつけながら聞くと、質問しやすくなります。他の人が流して聞いている雰囲気でも、「ここが理解できないのですが」と発言することで話がはずみ、新たな方向に展開していくこともあります。

わからないことを恥ずかしいと思うのは、日本人のよくないクセです。大学でも、留学生の人たちは「ここが理解できない」と、はっきり言ってきます。決して恥ずかしいことではなく、まさにそれこそが、学問の姿勢です。

日本人は、わからないことを恥ずかしいと思い、聞いたら相手に失礼ではないか、負担をかけるのではないかと心配をする。しかし、その質問にどう答えるかは、聞かれた側が考えればいいことです。特に新入社員時代には、何がわからないか、質問をリストアップしながら会議に参加し、上司の話を聞くという姿勢が大事です。

反対に、新入社員を教育する立場の人は、彼らにペンを持たせて「これから話をしますが、疑問や質問をメモしながら聞いてください」と言うと、ちゃんと聞いてくれるようになりますよ。質問力を鍛えることで、仕事も学問もクリアになっていくのです。

正しい楽しみ方

これを知る者はこれを好む者に如かず。これを好む者はこれを楽しむ者に如かず。（雍也第六の二〇）

――学ぶにおいて、知っているというのは好むには及ばない。学問を好む者は、学問を楽しむ者には及ばない。

座標軸とグラビアアイドル

孔子が学問について説いています。

「学問というのは知識を知っているだけではダメで、好きな人が深めていけるものだ。さらに言うなら、楽しむほうがもっといいのだよ」

学問とは地道なもの。たまに「勉強が楽しくて楽しくて」と言う人がいますが、そういう人はかなり珍しい。たいていの人は、楽しいなんて思いもしません。

ＯＥＣＤ（経済協力開発機構）による生徒の学習到達度調査（ＰＩＳＡ）でも、日本人は「どうしても本を読まなければならないときしか、本を読まない人が多い」というデータが出ています。また「数学を日常の中で応用しようと思っているか？」との質問に、日本人は十数パーセントしかイエスと答えていません。ところが、世界的に見るとそれは普通ではない。諸外国の平均は五十パーセントもあるのです。

「外国の人って、それほど数学を応用することを考えているの？」というほうが驚きですが、とにかく日本人は、学問を楽しめないのです。数学について一応知ってはいるけれど、好んで応用して「面白いね」と喜ぶことなど、日常的にはほとんどないと言っていいでしょう。

私はよく座標軸を立てて、物事を四つに分類することを楽しみます。それは、たいていの事柄が、これで分類できるからです。

以前、雑誌の企画でタレントのベッキーと「グラビアアイドルを批評する」ということをやりました。グラビア系の女性アイドルを、「この人はいいね、この人はちょっと……」などと言っているうちに、「座標軸にしてみよう」ということになりました。

「巨乳系と、そうではない人」と、「エロ系とさわやか系」というふうに座標を立て、「この人は、だいたいこのあたりだよね」などと言いながら分類し、それぞれの位置づけを明確にしていきます。

やっていくうちに、ベッキーも私も「これって、すごく面白いね」と夢中になってしまいました。これぞ、座標軸の考え方が生き、数学を楽しめて、思考がワザになったという

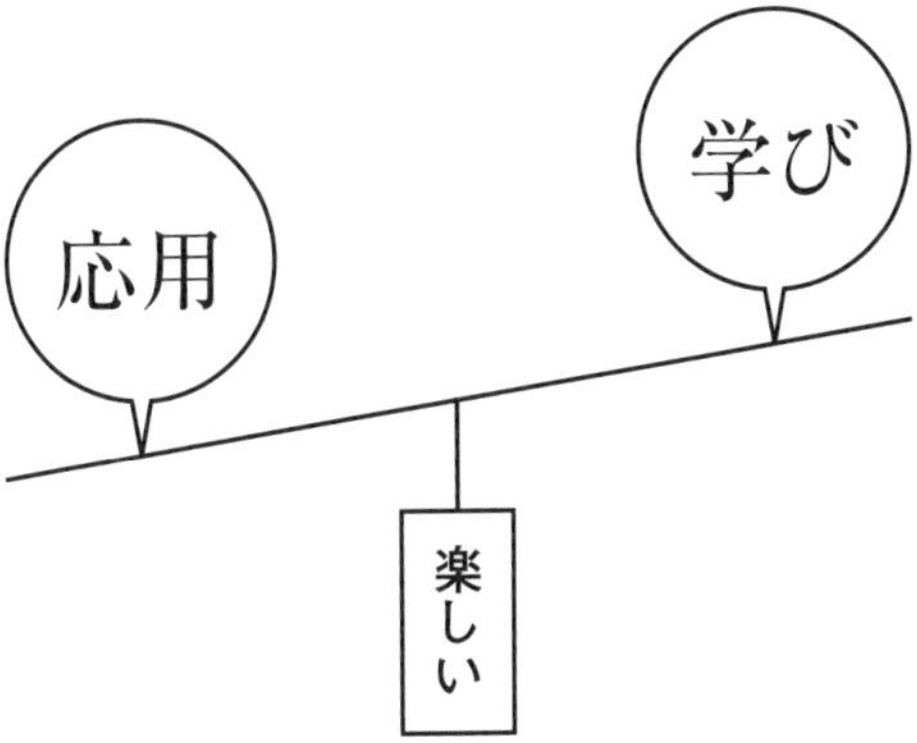

学びは日常で応用してこそ深まっていく

ことでしょう。

座標軸は、フランスの哲学者デカルトが始めたもの。「我思うゆえに我あり」も有名ですが、それ以上に座標軸は、私たちにとって身近です。デカルト発明で由緒正しいものでありながら、誰もが知っている。

座標軸は、X軸Y軸で直線を引き、一次関数二次関数を用いてグラフを描く、中学生で学ぶ数学です。しかしこれは、すごさがわかっていないと「だから何?」というようなものでもあります。座標軸がどれほど偉大か語ってくれる人がいれば、もう少しみんなが興味を持つかもしれませんが、身近すぎてそのようなことはありません。

座標軸を立てれば、世の中のあらゆるものが分類できるようになります。この平面をものすごく広いものとしてとらえ、二本の軸を立ててゼロの位置に自分を置けば、自分からX軸に何メートル、Y軸に何メートルという距離で、あらゆるものを座標の点で示すことができる。

また、X、Y、Zと三次元の軸にして原点を自分に置くと、自分からのすべての宇宙の場所が確定できます。

たとえば、太陽から見た火星と、地球から見た火星の位置は、相互に動いていってしまうため、原点がなければ定められません。ところが、ある場所に軸を立てて原点をとれば、空間上のあらゆる点が確定できる。

距離が測定できれば、シンプルに数字で示すことができます。これを活用するといろいろなことが冷静に秩序づけられるし、ものの変化を関数で示すにも、一目瞭然となります。非常に世界観が広がる、画期的なグラフなのです。

深い意味があることがわかると学ぶ気持ちになりますが、なかなか学校ではここまで教わらないし、楽しむところまでいかないのが現実です。

「すごい!」に出会うと学びは深まる

座標軸より簡単な、「数直線」も面白いものです。しかし〝知っているけれど、それが何?〟と思うのが普通の感覚でしょう。

ゼロが起点となり、プラスがあってマイナスがある。連続している直線の上には、すべてに数字がのっています。1と2の間に1・5があるのはわかりますが、そのすぐ隣にも、さらに隣にも点がある。それが証明できないと、「数直線」ではなく「数点線」になってしまいます。すべてに数字がのっていることを証明しなくてはなりません。それをやったのはデデキントという人ですが、これも画期的なことでした。

私たちはマイナスの概念をなかなか理解しにくいのですが、数直線上で「−1、−2」とやっていくと、マイナスの世界もはっきりと目にすることができ、理解が進みます。直線というのは古代ギリシャの幾何学の世界ですが、0・1というのは代数の世界。その幾何学と代数が数直線の中で出会い、一つの美しい概念となったのです。

このように数直線はすばらしいものですが、ほとんど何の感動もなく数学の授業で登場します。「すごすぎるよ、数直線!」と言う人がいないので、素通りしてしまうのですね。物事というのは、「これはすごい!」と言う人がいて、初めて気づき、楽しめるもの。何がすごいかを教えてもらうことで、興味も深まっていくのです。

また、本当によいものとの出会いも、興味を持つきっかけとなります。

たとえばヨーヨー・マが弾いているチェロは、大変素敵に見えます。彼の演奏する姿を見て〝自分もやってみたい〟と、チェロを弾く人が増えたそうです。今すぐ自分が弾けるわけではないけれど〝ああ、チェロって面白そう、楽しそうだな〟と感じて、学びがスタートする。こういうことも〝すごい!〟と思える出会いが作り出したものです。学ぶための正しい方向と言えるでしょう。

すごい先生や、すごいものと出会い、そのことを楽しめるようになると、向上心は自然に加速していきます。そういう意味で、一流の人はみな楽しんでいます。もちろん、学んでいる最中は地味だったり苦しい思いをするでしょう。しかし「楽しむ」ことを中心に置くと、学びはどんどん深まっていくのです。

正しい努力

切《せつ》するが如く磋《さ》するが如く、琢《たく》するが如く磨《ま》するが如し。（学而第一の一五）

――『詩経』に「切るがごとく、磋《す》するがごとく、琢《う》つがごとく、磨くがごとく」（切磋《せっさ》琢磨《たくま》）と書いてあるのは、そのことを言っているのでしょうね。

磨く行為は、面倒だけれど面白い

「切する」「磋する」「琢する」「磨する」というのは、どれをとっても「磨く」という意味の言葉です。昔はことあるごとに「自分を磨け」と言われたものですが、磨くということが、今の人にとっては比喩にさえならなくなっている。というのは、そもそも何かを磨くことがなくなっているからです。

たとえば私は小学生の頃、リンゴ磨きに夢中になりました。リンゴは、からぶきするとピカピカに光ります。それが面白くてキュッキュッと磨きまくった。すると次は、やかんを磨きたくなります。やかんは、からぶきではうまく光らないから、違う道具を使って工夫することになる。石磨きにも凝ったことがあります。形のいい石を探し、油をつけて一生懸命磨きます。他にも古いコインを手に入れ、薬品をたらして磨いたこともありました。無心に磨いて、ピカピカになっていくことが、とにかく面白かったのです。

落語家の柳家小三治さんは、修行時代に小さん師匠のところで、下駄を磨かされたそうです。最初は〝なんでこんなことを？〟と思ったけれど、途中から手が動くことが面白くなった。そして、どこまでも磨いてやろうという気持ちになり、妙に充実感があったという話をしていました。

磨くという行為は面倒ですが、やっているうちに面白くなっていく。自分自身の人格や能力に関しても、その面白くなっていく感じがつかめれば、人間として大丈夫です。「努力することが大事」と言いますが、努力というよりは、自分がピカピカになっていくのが面白いからやる。これが正しい切磋琢磨の在り方、努力の在り方です。自分自身が磨かれて光り出していることがわかれば、もっともっと磨きたくなります。

切磋琢磨で作る仲間意識

では、どうやったら自分が光るのか。人格はどうしたら磨かれていくのか。

これはやはり友達がいて、一緒に競争したり、お互いに励まし合ったり、鍛え合ったりする中で磨かれてくるのです。

京都市立堀川高等学校の荒瀬克己校長が書かれた『奇跡と呼ばれた学校』の中に、「受

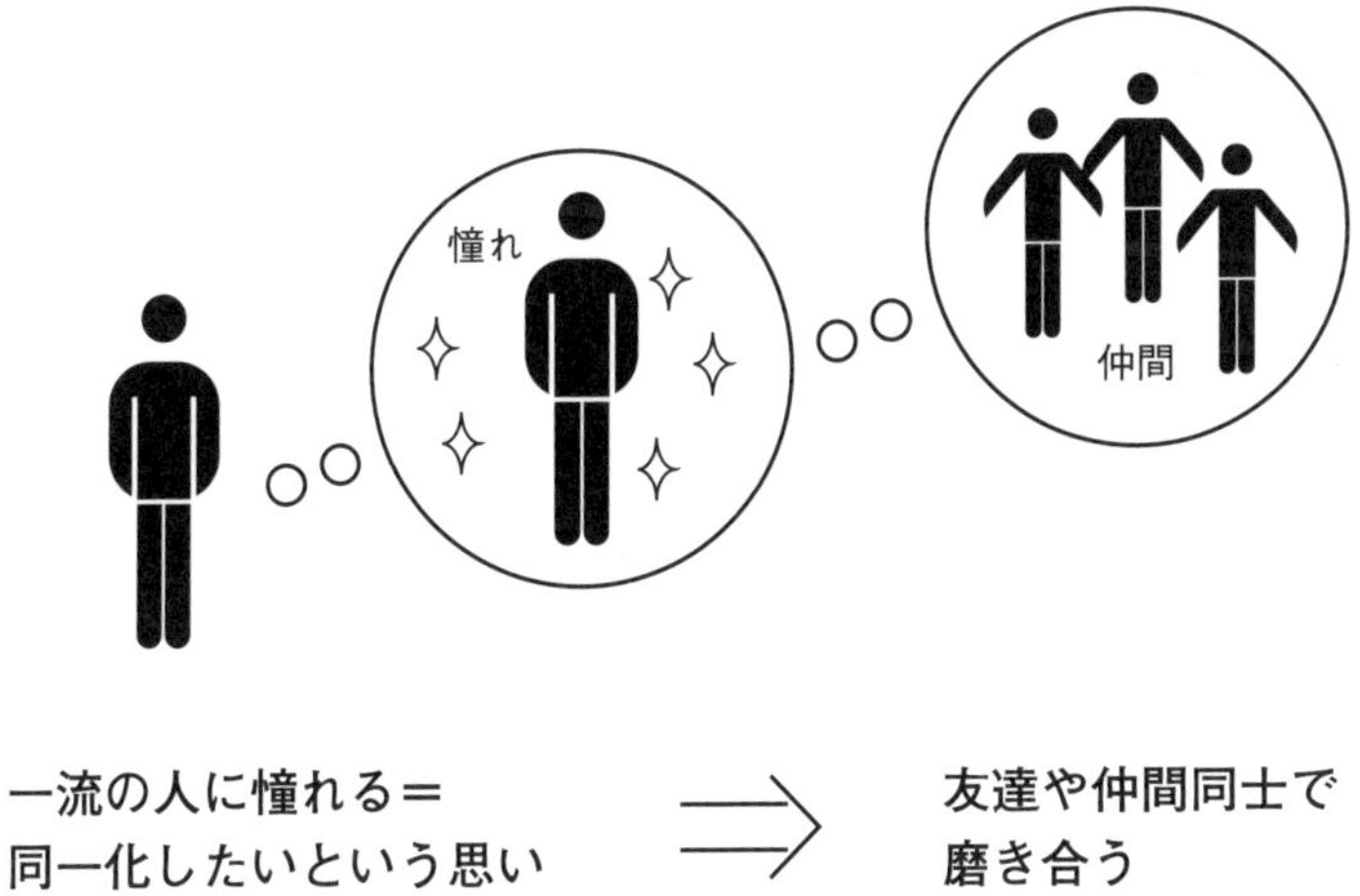
憧れ
仲間
一流の人に憧れる＝
同一化したいという思い
友達や仲間同士で
磨き合う

験は団体競技だ」という言葉がありました。本来、受験というのは典型的な個人競技です。グループでは受けさせてもらえません。しかし、その前の段階で一緒に高め合える友達がいて、刺激があると絶対にうまくいく。だから団体競技だと言うのです。

堀川高校も、最初は大学合格者が少なかったようですが、京都大学に先輩が入ったとなると、後輩たちは自分も行けるんじゃないかと思う。だから頑張る気持ちが生まれる。そういう刺激が、人間には必要なのです。

ただ、自分よりもできる人を見たとき、普通は愉快な気持ちにはなりません。でも、その人がすごいということがわかると、自分が負けたとしても刺激になる。頑張って、その人に少しでも勝てば、それがまた刺激になって伸びていく。

このように、友達や仲間同士で切磋琢磨する環境を作れるかどうかが大事です。

今の若い人たちは、兄弟が少なく、学校ではゆとり世代と言われ、競争に慣れていません。一方で、中国人や韓国人の留学生で日本の企業に入りたい人たちは、一生懸命日本語を勉強しています。だから日本の企業も、そういう人を積極的に社員に採用する動きが出ています。日本人と彼らとの大きな違いは、競い合う力です。

日本人は切磋琢磨が習慣化していないので、競り合えなくなっている。だから企業は採用をためらうのです。刺激し合える環境に身を置きたい、できるだけ優れた人と出会いたいと思える人であれば、企業からも求められる存在になっていくでしょう。

刺激し合える環境を作ろう

以前、イチローが不振だった時期に、野球解説者の伊東勤さんが言いました。

「次の試合は、相手チームのエースが出てくるはず。そうなるとイチローの打率は上がると思いますよ」

イチローにとっては、一流のピッチャーと向き合うほうが刺激になり、スイッチがオンになって集中力が増します。だから、難しい球ほどヒットが生まれやすい。それは常に切磋琢磨を望む気持ちが、彼の中にあるからです。だからメジャーに行ったのだし、一流のピッチャーと勝負したいというチャレンジ精神が、彼をここまで大きな選手にしたのです。

歴史をさかのぼると、緒方洪庵の作った適塾は、塾生が切磋琢磨し合う場所として知られていました。塾生みんなで席次を決めていたのです。自主勉強をし、その席で一番をとると次の席に行けるという仕組みで、横着なことや狡猾な真似をする人は一人もいなかったと、福沢諭吉が『福翁自伝』で書いています。

福沢諭吉も切磋琢磨の中でトップをとり、塾頭になっていくのですが、その雰囲気が面白かったと言います。競い合う生活をすること自体が、面白い。そこで、本当の仲間意識が育まれていたのでしょう。

そういう意味で、狭い場所で合宿のようなことをするのは、切磋琢磨のためのよい訓練です。

トヨタにはかつて、船に乗っての洋上研修がありました。予算の都合もあるので、船に乗る年とそうでない年があったようですが、陸地で行う年にも、それを「洋上研修」と呼んでいました。私は陸地でやっている年に講師として呼ばれましたが、「洋上」という名称に驚いたことを覚えています。

同じ船に乗っているという気持ちは、切磋琢磨しやすく仲間意識も高まります。会社の同期というのは、比較的そういう気持ちを持ちやすいもの。でも、同期にしか感じられないのは、もったいない話です。

たとえば会社なら、一つのプロジェクトチームが切磋琢磨する環境となるべきです。一緒に仕事をする人たちは、年齢が違っても磨き合える関係になるといい。

私が今の大学に来たとき、文学部のパンフレットを作る委員会が立ち上がりました。〝教員がこんなことまでやるのか？〟と最初は思いましたが、どんな写真を入れるか、どんなキャッチフレーズがよいか、パンフレットを作りながら議論をしていくうちに、非常に盛り上がったのです。いまだにそこで一緒だった人とは仲がよく、その後もよいつきあいが続いています。面白い仕事を仲間同士で取り組めるような環境作りは、大切です。

会社の場合は、必ずやるべき課題があるはずなので、それに対して数人のグループを設定する。ここが、上司の腕の見せどころでしょう。そこに互いを評価する方法などをうまく組み込むと、チームのメンバーは切磋琢磨し合うようになり、活性化していきます。

正しい柔軟性の保ち方

子、四《よん》を絶《た》つ。意なし。必《ひつ》なし。固《こ》なし。我《が》なし。（子罕第九の四）

――先生には、次の四つのことが決してなかった。自分の私意で勝手にやる〈意〉がなく、なんでもあらかじめ決めたとおりにやろうとする〈必〉がなく、一つのことに固執する〈固〉がなく、利己的になって我を張る〈我〉がない。

柔軟さには経験が必要

孔子自身は、保守的な人だと言われています。「よい伝統を崩さないことが大切で、それが秩序を維持することにつながる」と考えていた人なので、当然のことと言えます。その時代の中国は秩序が乱れ、皇帝を臣下が殺し、とって変わる、ということが非常に多くありました。そのような中で、孔子は国に安定性を持たせたいと思い、礼節を重んじることを提唱していったのです。

国の安定性は求めましたが、個人の心持ちが頑なことを、孔子は嫌いました。融通がきかない人はダメ。自分自身の決めつけで、狭い殻の中に閉じこもり、人の意見を耳に入れないタイプはバッサリと批判しました。

また、孔子は自分の間違いを指摘してくれる人がいると、とても喜びました。「間違えば必ず正してくれる人がいるというのは幸せだ」という柔軟な心を持っていました。一つの信念は貫くけれど、個々の考え方や情報の取り入れ方については、柔軟にやってみる。それが、心を若く保つ秘訣でもあります。

心が若いかどうかは非常に大切です。「柔軟である」という観点から見ると、小学生や中学生や若い人たちが柔軟かというと、意外にも彼らは保守的です。非常に頭が固くて、〝そんなふうに思い込んでどうする？〟と思うことがあるくらいです。

若いから頭が柔らかいと思いがちですが、それは大間違い。若い人は若い人で、自分の考えに固執してしまっているのです。

たとえば〝勉強をしても、成績が上がらない〟と思っている子がいたとする。その子に「だまされたと思って、この問題集を一冊やってごらん。こういうノートの作り方をしてごらん」と言っても、頭の固い子は、アドバイスに柔軟に従うことができません。

頭を柔らかく保つというのは、子どもも時代はできて、年をとるとだんだんできなくなっていくというものではない。柔軟になっていくには、経験が必要なのです。「自分の思い込みでやると失敗する」という経験があると、人のアドバイスを柔軟に受け入れられるし、外から学ぶことによってどんどんよくなっていきます。

専門家の言葉には耳を傾けよ

私は最近、オリンピック選手を教えていた方から泳ぎ方を学びました。子どもの頃から一通りの泳ぎはできたので、小学校以来四十年ほど泳ぎを学んだことはありませんでした。ところが、習ってみると先生のアドバイスによって劇的に変化した。〝あ、こうすればいいんだ〟ということがわかったのです。

四十代、五十代になって改めてコーチに学ぶということは少ないと思うのですが、やってみると、今まで我流でやってきたことがダメだったと、素直に思い至ります。我流というのは勢いがあるし、悪くない感じがする。しかし、ゲーテもこれを批判し「独学はよくない」と言いました。「独学は道を誤る。わかっている人にちゃんと聞け」と。

わかっている人のアドバイスというのは、非常に貴重です。私の水泳の先生は、「教える相手によってアドバイスは変わってくる」と言いました。「泳ぎには、その人のクセがあります。正しいフォームをただ押しつけているだけでは、その人のリズムは出てこない。泳ぐにはリズムが必要で、固有のクセをうまく利用したほうが、リズムがつかみやすい」と言うのです。

コーチの眼力があって、初めてアドバイスが生きる。専門家の一言は、普通の人の一言とは違います。

あなたは生き残れる人間になれるか？

インターネットの社会は、玉石混淆です。玉も石も混在していて、実際は石のほうが多かったりします。特に、同年代が集まって友達感覚で相談し合っている場で二十代の前半ばかりが集まっていると、全員が人生に対して経験不足です。その人たちが互いにアドバイスを送り合うので、あっさり会社を辞めてしまう人も出てきてしまう。

「本当にやりたいことは大事にしたほうがいいよ」など、一見癒し系の言葉ですが、実は現実を見ていないことが多くあるのです。

「本当にやりたいとか、やりたくないとか言っている場合じゃない。生活が第一に大切なのだから、絶対に辞めちゃダメだ」なんて言う人は、同年代には少ないのです。

経験値の高い人の言葉を取り入れ、アドバイスを聞くことは大切です。ところが、「絶対に仕事を辞めちゃダメだよ」と私が忠告したにもかかわらず、次に会ったときには「辞めました」と言った人がいました。「仕事はそんなに嫌いじゃないけれど、もうちょっと自分の自由な時間がほしいから」と言う。いやいや、違います。仕事というのは、そういうことで辞めるようなものではありません。

我を張ることが、自己実現につながるわけではない。柔軟にいろいろなものを取り入れていくことが、最終的な自己実現につながっていきます。そして、他者の意見を取り入れる柔軟さは、修正力にもつながっていきます。

一見、今の若い人の「我を張る」様子は見えにくい。おとなしそうに見えます。しかし、面従腹背と言うか、表向きは従っているけれど、おなかの中で背いていることが多くある。「自分はそうは思わないので、その意見は取り入れられません」と表明してくれれば、こちらもわかりやすいのですが、当たりは柔らかくておとなしいのに、全然人の言うことを聞いていない、ということが多いのです。

相手の心の柔らかさは、小さいことをチェックすることで、見ていくことができます。「この方法に変えてごらん」と言ったとき、従わない人は伸びません。人間は固執することがありますが、固くそこにこだわってしまうのは、一種の「正しくない安定のさせ方」。正しい安定とは、「揺れ動く環境に柔軟に対応する能力」です。進化論的に言うと、それができるかどうかで、生き残れるかが決まるのです。

自分勝手で頑なになると、生物というのは死んでしまいます。環境が変われば、それに柔軟に対応しなければいけない。適応していくことが、進化論的に「生き残れる人間」です。

四十代以降の、心の柔軟性

二十代三十代の頃は、まだ周囲に注意してくれる人がたくさんいます。しかし、四十代になると、人から何かを言われることが激減してきます。そのため、人の意見に耳を貸さないという傾向が強くなり、五十代六十代になったとき、明らかに誰の言うことも聞けない人が、多くなってしまうのです。

「我が強い」「固執している」「凝り固まっている」という感じが五十代以上では見受けられがちで、特に男性はその傾向が強くなります。そうすることで、自分を安定させようとしているのでしょう。しかし、その安定は進化論的に言っても間違いだということを、理解しなければなりません。ここが非常に肝心です。

若い人たちは、〝四十過ぎの人には言っても失礼だし、言ったところで変わらないだろう〟とあきらめています。その固さを直す手立てとしては、人の話に「なるほど、なるほど」とうなずいたり、拍手をしたりするのがおすすめです。

「そうだった、そうだった」と手を打ちながら、相手の意見を取り入れる練習をしていると、だんだん思考が柔らかくなっていきます。そして、人を褒めたり、人の意見を受け入れて、「自分の意見よりも、そっちのほうがいいね」と言えるようになる。会議などでも柔軟な心で、人の話を聞けるようになります。

私も授業中に学生に意見をされると、「僕が言ってたことより、○○君の言ってることのほうがいいね」と、すぐに反応するようにしています。それをするたびに、自分の心が溶ける気がします。そして積極的に拍手して、「自分のものよりもいい」という言い方を

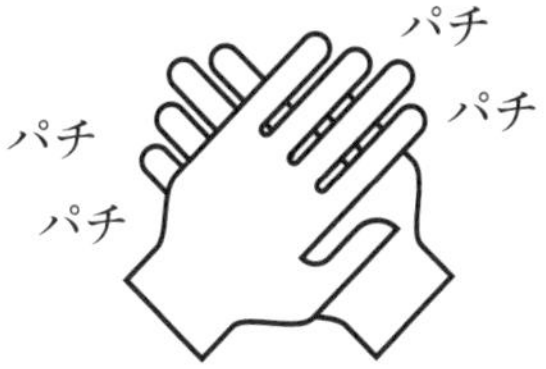

「あーそのほうがいいね」

こだわり（固執）を溶かす技術

練習する。これで、自分自身が軽やかになってきます。

俳人の松尾芭蕉も、話し合いを大事にしていたそうです。あれほどの大物でさえ、「この言葉とこの言葉、どちらがよいか?」ということを、弟子と話し合うのが面白いと語っています。

「こちらの言葉のほうがいいですね」とか「この一字がいいですね」と、みんなで言葉を見つけようとするのが俳句の面白さ。むしろ、そういう意見をしてくれる弟子を育てることが大事で、自分の考えよりもよいアイディアが付け加えられたら「ありがとう」と素直に受け入れました。

このように、人の意見を聞き入れたり、拍手ができるようになると、こだわりの姿勢から離れることができます。「いいね、いいね」

と拍手しながら言って、柔軟に動いていく。そうすると、固まりつつある体が解きほぐされていきます。

逆にこれができない人は、驚くほど「人の話を聞いていない」という状態に陥ってしまいます。聞いていないから会話にならないし、人とからみづらい。会話が上手な人というのは、相手の言ったことに対して、自分が言おうとしていることをちょっと崩して対応します。しかし、聞いていない人は、自分の用意している話しかできないから、対話不能になってしまうのです。

相手に添いつつ上手にずらす、柔軟さのレッスンが必要です。そういう意味で、「拍手すること」は簡単です。会議で拍手する人はあまりいないので、どんどんやったほうがいいですよ。

「あるある！」とか「そのほうがいいね」とか「ナイスアイディア」なんて言いながら、拍手して盛り上げていきましょう。拍手すれば、自分の心が柔らかくなっていきます。

正しい姿勢

哀公《あいこう》問う、弟子、孰《たれ》か学を好むと為《な》す。孔子対《こた》えて曰《のたま》わく、顔回なる者あり、学を好む。怒《いか》りを遷《うつ》さず、過ちを弐《ふた》たびせず。不幸、短命にして死せり。今や則ち亡《な》し。未《いま》だ学を好む者を聞かざるなり。（雍也第六の三）

――哀公が、「弟子の中で、誰が学問好きと言えるか」と尋ねられた。先生は、こう答えられた。「顔回という者がありまして、本当の学問好きでした。怒って八つ当たりすることはなく、同じ過ちを二度することはありませんでした。不幸にして短命で亡くなり、今は学問好きと言えるほどの者は門下にはおりません。世の中でも学問好きという者は聞いたことがありません」。

学問とは人格の修養である

孔子が、学問の好きな弟子として、亡くなった顔回についてポイントを三つ挙げて説明しています。

「学を好み、八つ当たりなどをせず、過ちは繰り返さない」

パッパッパと人物評が言えるのも、孔子のすごいところです。しかし、この内容を見ると、学問の能力とは違うことも語られています。

孔子の言う学問とは、いわゆる今の学問とは少し違って、「人格の修養」が中心にあります。それに比べて今の学問は、情報に近い。インターネットであらゆる情報が手に入る時代なので、どれだけの情報を処理できるかが問われます。情報は日々面白く流れていくものですが、人格にはほとんど影響を与えません。

しかし、ここで言われる「学問が好き」には、人格の成熟の話も含まれる。人格の成熟なしに、学問好きというのはあり得ないのです。

情報という域を突き抜けたとき、人格が練れた方向に行くのが本当の「学問好き」です。そして、学問を身につけて常に新たなものにしていける人。謙虚に学び続けることが、人格とイコールになっている人、ということだと思います。

「怒りを遷さず」というポイントは、人格を鍛える上で重要なヒントになります。

夫婦喧嘩をしたとか、親が死んだとか、お金に困っているとか、個人的な事情で調子が悪い日というのは、誰にでもあります。しかし教員であれば、教室に調子の悪さを持ち込み、〝今日、先生の機嫌悪そうだな〟と思われた時点でダメなのです。私もこれを意識して心がけたことがあります。すると、人前に出て教壇に立った瞬間、ネガティブな感情から解き放たれ、完全に忘れられるようになりました。

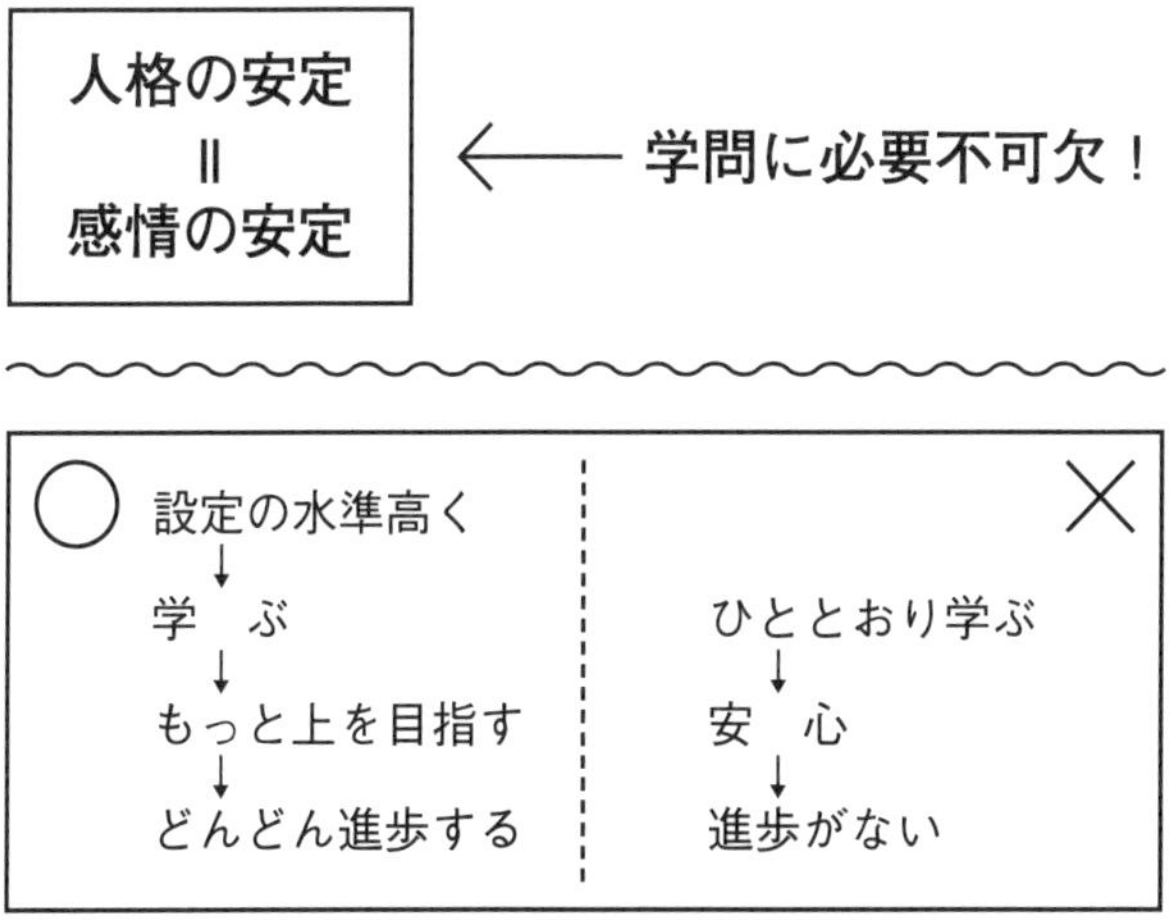

たとえば、イチローのバッティングを見て〝今日のイチローは機嫌がいいな〟と思う人はいないでしょう。機嫌がいいとか悪いとか、家で奥さんとうまくいっているか、などと感じることは、まったくない。彼はいつも同じ準備をして、いつも同じ状態で、何年もの間、安定してやっている。だから、打てるのです。

「怒り」というのは、「感情」と言い換えてもいい。人格的安定感というのは感情の安定感であり、感情の安定には周囲を安心させる力があります。だから、つきあう人を選ぶときには「怒りを遷さない人」「八つ当たりしない人」にする、というだけでも、シンプルでよいアドバイスとなります。

目標はできるだけ高く

様々な条件を満たしていた弟子の顔回は、

不幸にして早く亡くなってしまいました。孔子の基準は非常に厳しいため、「それ以来、他には学問好きはいない」と語ります。他にも才能のある人はいるはずなのに、どれだけ高いレベルで「学問好き」の人をとらえていたかがわかる一言です。

この目標の高さも、大事なことです。

「学を好み、八つ当たりなどをせず、過ちは繰り返さない」

この程度のことなら誰にでもできそうな気がしますが、顔回以来、一人もいないというレベルの高さ、設定基準の高さ。

イチローは「打って、守って、走れる」選手と評価されたとき、「そうじゃない人はプロじゃないんじゃないですか?」と言い切っていました。王貞治も「ミスをするのはプロとは言えない」と言いました。

彼らは「プロ」というものの設定基準が非常に高い。つまり、同じプロ野球選手でも、プロとそうでない人がいる、ということです。人は、自分のポジションを確立すると〝これくらいでよいだろう〟と、安心してしまいがちです。しかし、「学を好む者は一人しかいない」と孔子が言うとおり〝上には上がいる〟と思う意識が重要です。設定水準を高く持つことが、もっとも大事だと思います。

組織が強くなるためには

社員の技術を向上させるために、独自のシステムを持つ企業は多くあります。しかし、あまりにカッチリと決められたシステムに入ると、それに慣れて成長を止めてしまう人もたくさんいます。一定レベルまで到達すると、安心するのでしょう。自分で積み上げていく努力を怠ってしまうのです。

私はマッサージを受けるのが好きで、若いときから様々なところに通ってきました。社員を育てるシステムがしっかりしている店は、スタッフの粒が揃っていますが、センスがある人でも、あるところで技術が止まってしまいます。

一方別の店では、技術を学ぶシステムを設けないやり方をしています。この店には下手な人もいますが、うまい人はすごくうまい。どうやら、その人ごとのやり方を極めさせるという方針のようです。

スタッフに聞いてみると「上司が鉄のような背中をしていて、毎日その人の体をマッサージさせられ、下手だとひどく叱られる」と言いました。厳しい指導はあるにせよ、小さな店なので、みなが同じやり方をする必要はない。それぞれのやり方で一流になっていけばいい、という考え方です。そうすると、顧客がそれぞれの人につくし、技術が磨かれて進歩していきます。大きな店はシステム化されているので、手順が全部決まっていて、みんなが同じようにやる。そうすると、せっかくの才能が止まってしまうのです。

「もっと上がある」「上には上がある」ということを教えてくれて、互いを競わせるような仕組みがあると、組織というのは強くなっていきます。これは、監督やコーチが、どのあたりに満足の水準を置くかによって違います。一通りのレベルではダメで、あくまで目標を高く持つこと。そして具体的なアドバイスをしてくれる指導者がいると、人は伸びていきます。

孔子の理想は、顔回だけがクリアし、許されたものでした。顔回に対する偏愛ともとれますが、偏愛も含めて「顔回しかいない」という具体的な目標を示していた。誰の手にも届かない理想ではなく、「この人にはできたのだ」という到達可能な地点を示すことも、指導をしていく上では重要なポイントです。

正しい現状維持

学は及ばざるが如くするも、猶《な》おこれを失わんことを恐る。（泰伯第八の一七）

――学問は、際限なく追い求め、しかも学んだことを忘れないか恐れる、そんな心構えで勉《つと》めるものだ。

加速度をつける

学ぶときには、恐れを抱いて〝まだ足りないのではないか、まだ足りないのではないか〟と思っていることが大事です。

なぜなら人は〝もう、これくらいでいいか〟と思った瞬間に、学ぶ速度が落ちていくからです。意欲が落ちると、実力もスーッと下がっていきます。ですから、自分の「加速度感覚」を持っていることが大切です。

現状維持をしていくためには、加速し続けていなければなりません。スポーツの世界は、それが非常に顕著です。たとえば、卓球の選手は一ヶ月休んだら、戻すのに三倍の時間がかかるそうです。

十年練習を続けた選手が一ヶ月休むと、大変なことになります。十年も続けているのだから、一ヶ月くらい休んだところで大して変わらないだろう……と思いますが、それは素人の考え。カンを取り戻したり、なまった体を取り戻すのは、上の段階にいけばいくほど大変です。

調子のいいときは当たり前だと思っていても、気を緩めて休むとよいペースに戻れなくなる。飛んでいる飛行機と同じで、ちょっとずつ加速力を与えないと、落ちていってしまうのです。

スポーツでもなんでも、一流で張りを持って仕事をしている人は〝このくらいで大丈夫〟とは思っていません。〝まだ、まだ、まだ〟と思っている。これほどやっても「まだ」なのかというくらい、現状に満足していないのです。

たとえば、イチローのフォームは固定することがありません。ご存じの人も多いでしょうが、彼は毎シーズンフォームを変えています。日本で二百本安打を打ったときの振り子打法を、メジャーに持っていっても合わない。だから、レベルの高いところで毎年変えているのです。むしろ毎年変えなければ、現状は維持できない。イチローはインタビューで答えています。

「このフォームを見つけたと思ったら、その瞬間からダメになってしまう。だから、正しい一つの形などないということがわかった」

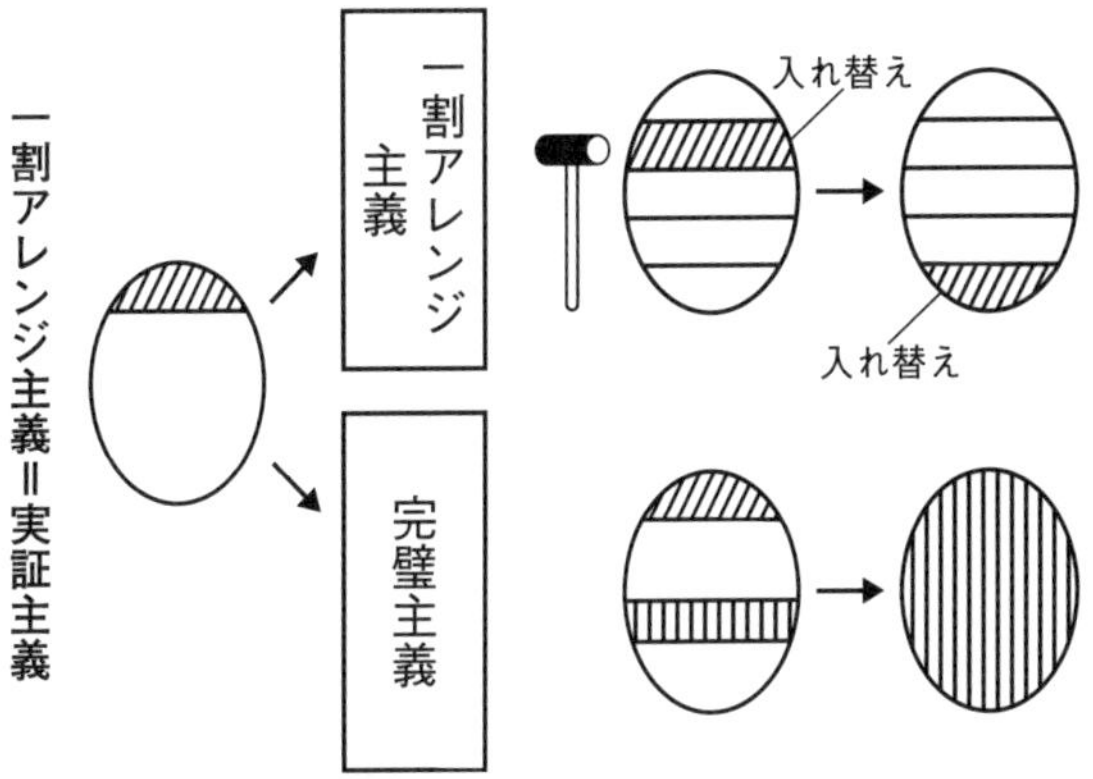

一割アレンジすることが、自分に刺激を与え、成長につながる

また、高齢になっても刺激的に生きている人がいます。たとえば故白川静さんのように九十代まで独創的な研究を続けた方もあれば、日野原重明先生のように九十九歳になった今も現役で活躍されている方もいる。そういう人を見ると、刺激を受けます。その刺激は、加速度が落ちてしまいそうなものに、少しずつ勢いを与えてくれます。

常に一割入れ替えよう

私たちはどこかで〝あ、わかった〟と思ってしまいがちです。〝これで大丈夫だ〟〝このやり方でいけば、効率よくいく〟という気持ちが生まれる。それはそれでよいのですが、〝次は変えていこう〟〝新しくしよう〟という気持ちも持たなければなりません。

今までの反復を八～九割とすると、必ず一

〜二割は新しいものを混ぜていく。この「一〜二割の血の入れ替え」がポイントです。自分に対し、「一割輸血」する気持ち。一割の新しい血が入ると、刺激を受けてピッと上がります。その刺激が大切なのです。

今までやってきたことを、一割だけアレンジしてみる。ダメだったらもう一度元に戻す。よかったらその部分を自分のスタンダードにして、また違う部分を入れ替えてみる。「だるま落とし」のようなイメージで、少しずつ入れ替えてみるとよいでしょう。

少しずつやっていくと、科学的な実験と一緒で、その部分がどうであったか検証できます。反対に、一度に多くを入れ替えようとすると、何がよくて何が悪かったのか、わからなくなります。〝今日はここだけ入れ替えてみよう〟そんな気持ちでやっていくと、実証主義で進んでいける。定まったものが多くてよいけれど、一部はカンカンとはじき落として入れ替えてみる。

そうして〝足りないのではないか〟〝忘れてしまわないか〟という気持ちを抱きながら進んでいくこと。調子のいいときこそ、いつか状況が悪くなったときのための準備をしておくことです。

第四章　生き方編

正しい自分の作り方

性、相近《あい》し。習えば、相遠し。（陽貨第十七の二）

――人は生まれたときには互いに似ていて近い。しかし、学びの有無によって善にも悪にもなり、互いに遠くへだたる。

自分の中にあるスイッチを見つける

人間を形作っているものは、生まれ持った性質なのか、環境なのか。人類は、ずっとこの議論をし続けてきたと言っても過言ではありません。

「自分の頭がよくないのは親のせいだ」と言う人はたくさんいます。しかし、親から仕事を受け継ぐ時代ならともかく、今は多くの人が親と同じ職業に就くわけではないし、何もかもを親のせいにするわけにもいきません。

そのかわり、自分が不出来な理由を「育ってきた環境がよくない」とか「社会の状況がよくない」と、環境に求める人も多くいます。しかし実際、人を作り上げているものは、本人が身につけてきたワザの集積や習慣です。これを、一度整理してみる必要があります。

根本にあるのは、生まれながらの性質でしょうし、その後の環境も影響を与えているでしょう。ただ、どちらが原因であったとしても、今までの様々な集積が自分だと考えると、「誰のせい」とか「何のせい」とか言い訳しても、仕方がありません。

村上和雄先生という遺伝子工学の先生がいらっしゃいます。先日、御著書『スイッチ・オンの生き方』を読み、対談をさせてもらいました。村上先生が言われたのは、「遺伝子で多くのものは決まっているけれど、絶対的にそうなるとは限らない」ということ。

たとえば、両親に糖尿病があった場合、その人にも糖尿病になりやすい遺伝子が流れていますが、本当になるかどうかはわからない。遺伝子のスイッチが「オン」になったときに発症するというのです。スイッチオンになるというのは、運動不足や、カロリー過多になったとき。ほんの少し生活が乱れただけで「オン」になってしまう人は、オンしやすい遺伝子を持っているということになります。

また、目を苛酷に駆使しても、まったく視力が落ちない人がいます。それは目の遺伝子が非常に強靭だということ。弱い遺伝子を持つ人は、すぐにスイッチオンしてしまいます。

悪いことだけでなく、よいほうでもスイッチをオンできるかどうかが、肝心です。

たとえば、西洋音楽の素質がある人が、室町時代や江戸時代の日本に生まれたとしましょう。現代であれば、海外などで学んでクラシック音楽の指揮者になるかもしれませんが、当時はどんなにすばらしい才能があったとしても、スイッチはオンしません。

モーツァルトが江戸時代の日本に生まれていたらどうなっていたかというと、おそらく何も起きません。畑仕事をして生涯を終えたでしょう。

モーツァルトはザルツブルグに生まれ、お父さんがクラシック音楽をわかっていた。だから、小さい頃からピアノを徹底的に習ってすばらしい指導者につき、演奏旅行をしながら腕を磨いていけたのです。つまり、その環境や状況が、モーツァルトのスイッチをオンさせたということになります。

こうして考えると、自分の遺伝子の中に何が入っているかは、わかりません。ですから、いろいろな人や事柄に出会って、スイッチがオンになる工夫をしていかないとダメなのです。いつ、どこに「自分にはこれが向いていた」ということがあるかもしれないからです。

村上先生は、スイッチオンするためには、「一流の人と出会う」ことが非常に大切だと言っておられました。なぜなら、一流の人は前向きに生きているからです。その影響を受けて、自分も前向きになるとスイッチがオンしやすい。逆に、後ろ向きでチャレンジしない生き方は、オンしにくいと言えます。

「あゆ」になりたい気持ちが、スイッチをオンにする

一流の人は、その人自身の遺伝子スイッチもオンになっていることが多いそうです。しかも、遺伝子のいろいろな状態がオンになっている。だからこそ輝いているわけですが、

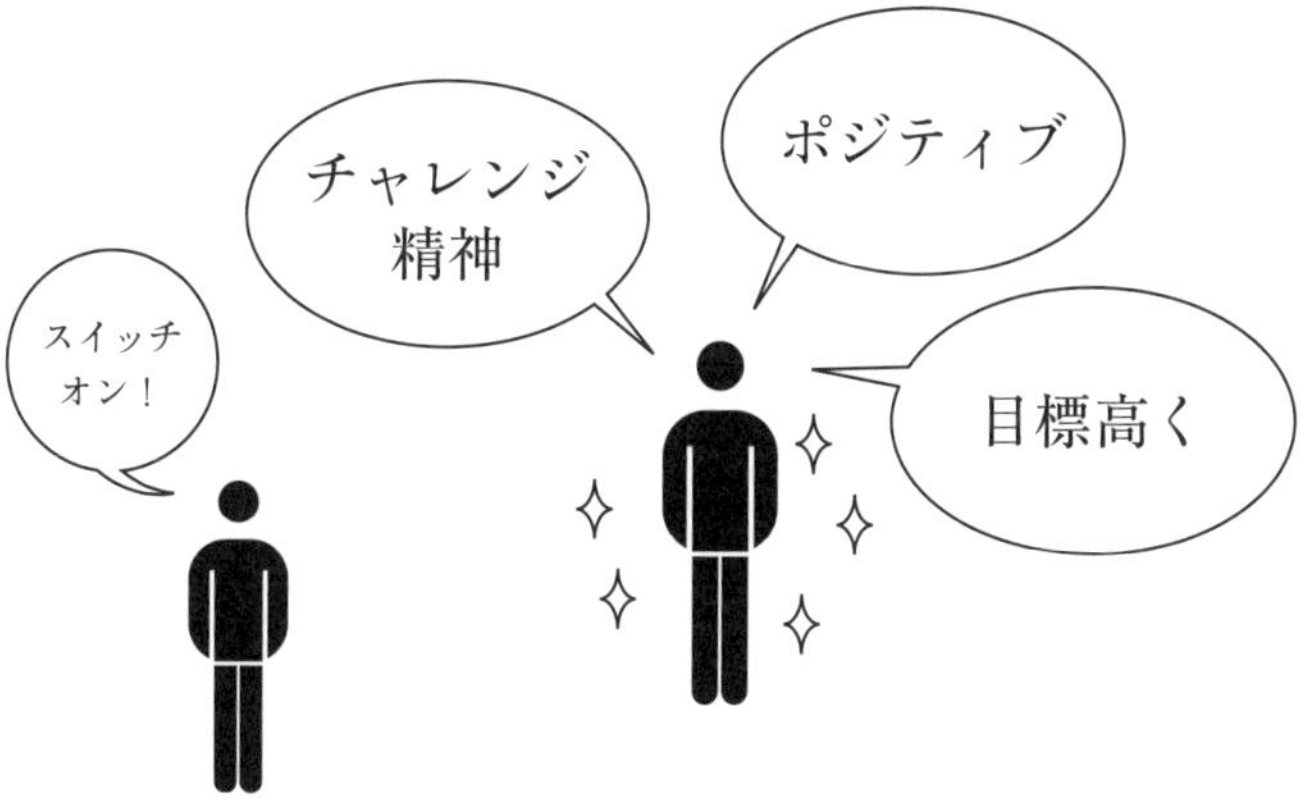

一流の人に会うと、自分のスイッチが「オン」しやすい

その状態は肉体からもバーッと発せられています。

そんな一流の人と会うと、自分のスイッチもオンになりやすくなります。ミラーニューロンと言いますが、鏡のように真似をすると、さらにオンしやすいのです。

先日、縁あって、浜崎あゆみさんのライブに行かせてもらいました。私は熱狂的なファンではありませんが、会場に集まる人のほとんどは熱狂的なファン。そして、そこにいる何万人かの遺伝子が、実際にオンしているのを見ました。

「メイク遺伝子」とでも言えばよいでしょうか。徹底的にメイクするという遺伝子が、オンになっているのです。ファンの八割以上が女性です。その人たちがみな、あゆを目指してメイクしている。

我が家の近くには国立競技場があるのですが、そこでは毎年「嵐」のライブが行われるので、大勢のファンを見かけます。嵐ファンの人たちは、嵐になりたいわけではありません。わりと地味な雰囲気で、メイクもそんなに派手ではない感じです。恋愛遺伝子は嵐に対してオンしているのかもしれないけれど、現実の恋愛ではありません。

浜崎さんのライブに来ている人は、メイクに力が入っていて「輝いてるでしょ、私」というキラキラした雰囲気があります。そこに来る人はみんな「私があゆ！」なのです。ノーメイクで来るということなど考えられません。〝あゆのようになりたい〟〝あゆと一体化して自分もオンさせたい〟。だから、頑張ってメイクして目を大きく見せるのです。ライブ会場には、ナチュラルメイクの人なんていないんですよ。

桑田佳祐さんやミスターチルドレン、B'zなどトップアーティストは、生き方がポジティブだからずっとトップを走っているわけで、ファンはそういうポジティブさも、吸収しています。そうすると自分がポジティブになって、またライブに行きたくなる。

CDを聴いているのとは違い、「生」だから、エネルギーがすごいんですね。ライブというのは、非常によくできているので、ファンではない人でも〝ああすごいな〟と思ってファンになる。そういう勢いが一流の人にはあるのです。

作家の講演会などもそうです。本を読むだけでなく、直接会う。生身の体が近くにあるとき、ミラーニューロンは働きやすくなります。講演会などでは、その人の持っているものが、よりはっきりと表れます。がっかりする場合もあるかもしれませんが、本当に優れている人なら、テレビよりも本物のほうがいいに決まっています。

〝こんな人なんだ〟とわかるとファンになり、同一化しようと努力すればするほど、スイッチが入ってパワーが上がっていく。「自分で選び、自分の遺伝子のスイッチをオンさせる」という考えに立つと、生まれながらの性質よりも、その後の習慣や環境で大きく変わることがわかります。

そして、習慣や環境は、大人になったら自分で選び取っていくことが大切なのです。

正しい軸の作り方

吾《わ》が道は一《いっ》以てこれを貫く。（里仁第四の一五）

――私の道は一つのことで貫かれている。

たった一つを貫く

孔子について弟子たちは、様々なことを知っている万能な人だと思っています。しかし、そうではないと本人は言います。

「私は一つのことを貫く人間だ」

「一以て」というのは、一つのこと。孔子が考えているのは、「仁」の気持ちでしょう。それが、彼の軸となって貫かれています。

「これが自分の軸だ」というものを一つ持っている人は、腹がすわっています。臍下丹田のあたりを腹と言いますが、腹が決まり、すわっている人は、トラブルや困難が起きたときにも、どっしりとしてブレにくくなります。

ブレがないというのは、会社経営などに非常に重要なこと。一つの信念がないと、どんどん軸がブレ、グラグラと崩れてしまうからです。経営者だけではありません。今の時代はトップだけが経営するというよりは、部署ごとに経営感覚がないといけない。一人ひとりがエグゼクティブになる時代に入っているのです。

一人ひとりが判断し、仕事のマネジメントをしていく。そうなると、どんな人の心にも価値観の根本を貫く原則が必要になってきます。

たとえばそれが、「信用を守る」ということであれば、信用を徹底的に守って生きていく。この一つの基準があることで、様々な判断がしやすくなり、ブレにくくなるという利点があります。

「自分が貫く一つのこと」を言葉で表すのは、難しいかもしれません。しかし、何かで貫かれているという「貫通感覚」を持っていることは大事です。感覚さえ持っていれば、すべて言葉で説明できなくてもいいのだと思います。

では、貫通感覚とは、どのようなものかを考えてみましょう。

小林秀雄が『私の人生観』という本の中で言っていたのは、「生命の持続感」です。昨日生きていた自分と、今日を生きている自分は、まったく違うものではない。そこに一種の生命の持続感がある。十年前に生きていた自分の命の持続感も重なっていく――。それが自分という意識になっていくというのです。

自分を貫く、生命の持続という大きな流れ。そして、生命があるものは、昨日があって今日を生きていく。当然だと思うかもしれませんが、生命の持続感を意識できると、人は一つ強くなれるのです。

自分はこうして、命が続いている。二十代があって、三十代があって、今がある。紆余曲折を経ながらも、そこに生きていた生命は同じだと思える。それを意識すると、アイデンティティがしっかりしてきます。

その間には、転職をした、失恋した、結婚した、離婚した……。様々なことがあるかもしれません。しかし、そこに一つの命がつながっていると思うこと。根源的な生命の持続感を持つことで、自分自身を安定させることができます。

漢字一文字で自分を表現

一つの感覚を、さらに絞り込んでいくためには、「これだ！」という言葉を自分の中で見つけるとよいと思います。

漢字は、一文字で一つの概念になっています。

たとえば孔子は、「仁」という言葉にものすごく思い入れがある。「あなたを貫いているものは何ですか？」と聞かれたら、孔子は迷わず「仁だ」と答えたでしょう。このように、漢字のよさを利用し、自分が何で貫かれているか、一字で表現してみるのです。

日本人は、漢字に思いを込めて名前をつけることが多いので、自分の名前の中にピンと

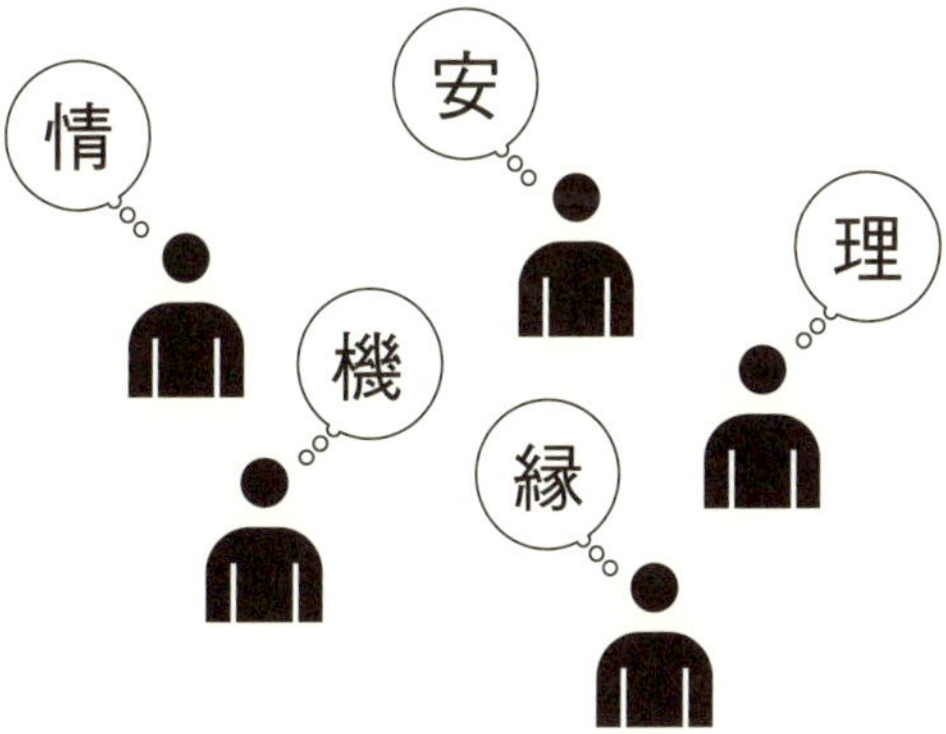

自分の軸を持つと、ブレがなくなる

くる文字があるかもしれません。

タイミングを大事にする人なら「機」、人と人との出会いを大切に生きたいという人は「縁」、合理性の「理」や、正しさという意味の「義」を挙げる人もいるでしょう。

私の尊敬する先生は「自分は情で生きている」ということを公言していました。つまり「情」という一字で貫かれている、と宣言していたのです。

その他にも、徹底して利益を追求したい人であれば、「利」という字もあるでしょう。よいか悪いかは別として、お墓の中にまでお金を持っていけたらうれしい、という人もいます。

安らか、安心という意味で「安」を貫くのもいいですね。朝から晩までがむしゃらに仕事だけをするよりも、家族と一緒に安心できる生き方がしたいということでしょう。

人には、様々な生き方があります。一つに絞れない人は、漢字の価値観マップを作ってみると結構面白くなりますよ。仕事では何、プライベートでは何と、漢字をピックアップしてみるといい。いくつか書き出してみると、自分の価値基準がわかるし、本当の中心にくる文字が何なのかも見えてくる。自分にとって大切なものが、くっきりとしてきます。

正しいスタイル

知者《ちしゃ》は水を楽《この》み、仁者は山を楽む。知者は動き、仁者は静かなり。知者は楽しみ、仁者は寿《いのちなが》し。（雍也第六の二三）

――〈知〉の人と〈仁〉の人とでは性質が異なる。知の人は心が活発なので流れゆく水を好み、仁の人は心が落ち着いているので不動の山を好む。知の人は動き、仁の人は静かである。したがって、知の人は快活に人生を楽しみ、仁の人は心安らかに長寿となる。

水が好きか、山が好きか

「知者」と「仁者」は、気質やタイプの違いです。人の気質を大きく二分すると、「水が好きな人」と「山が好きな人」、「行動的な人」と「静かな人」、「人生を楽しむ人」と「命が長い人」になる、というわけです。

この本では「人として目指すところは仁者だ」と何度も書いてきましたが、知者も悪いものではありません。

仁者というのは、ブレず、懐が深く、落ち着いていて、穏やか。一方で、頭がくるくる回転して、ものすごく働き者という知者タイプの人もいます。あえて言うなら、動き続けた本田宗一郎のような人。オートバイのレースだけでなく、四輪のルマンレースに取り組むなど、開拓精神に満ちた人でした。彼のような人がいると、周囲は落ち着いていられません。「水」といってもかなりの奔流で、濁流のように周囲を飲み込み、川のないところに川を作ってしまうくらいの勢いがあります。

いわゆる、頭のキレる頭脳明晰な人というのは批判力も強いので、「人格的に丸い」とか「ゆったりしている」のとは違います。人間としてのスケールは仁者に比べれば小さいけれど、動きが速く小回りがきく。知者になれれば、それはそれですばらしいし、仁者になるのも、すばらしいのです。

どちらがその人の目指す方向かというと、「山が好きな人は仁者向き」で、「川や水を見ると落ち着く人は知者向き」と言ってよいでしょう。

自分に欠けている要素は何か？

私はどちらかというと、水が好きです。川の近くで育ったせいもありますが、近くには山もありました。静岡なので、富士山だって毎日眺められます。富士山は子どもの頃から愛してやまない存在ですが、自分と富士山を重ね合わせ〝富士の山のようになろう〟とか〝大きな人間になろう〟と思ったことはありません。どちらかというと、川の流れや水に

気質＝生きるスタイル	
知者	仁者
水	山
動く	静か
楽しむ	寿し

物事を「知」と「仁」で見ると、
「自分のスタイル」が見えてくる

親和性がありました。

詩人は、このような人の内面にひそむイメージを、うまく表現します。

――山のあなたの空遠く「幸い」住むと人のいう。（カール・ブッセ／上田敏・訳）

こちらは、幸いが山のほうにある感じ。

――私の耳は貝の殻　海の響きを懐かしむ。（ジャン・コクトー／堀口大學・訳）

こちらは、水がきらめいている感じ。私たちも山と水のどちらが好きかと問われたら、それぞれに好きなものを好きな言葉で思い浮かべたらよいのです。

画家も、同じように好きなものを描いています。

モネは、山より水が好き。自分の庭に睡蓮を浮かべて、水と光の一瞬のたわむれをとらえようとしました。一方セザンヌは、晩年、サント・ヴィクトワール山のような、岩山ばかりを描きました。そのゴツゴツとした存在感を表現したのです。モチーフの違いは、何を美として求めるかの違いでもあります。

仁者と知者は、それぞれによさがあります。そして、とらえ方は人によって違っていいのです。たとえば〝仁者が八割、知者二割くらいのバランスがいいな〟とか〝私は五分五分でいこう〟と考えてもいいし、〝五十歳を過ぎて知者はきつくなってきたから、仁者のほうへシフトしよう〟などというのもいい。あるいは〝自分は静かすぎるから、ちょっと水みたいな騒がしい人について影響を受けてみようかな〟と、自分に欠けている要素を補っていくのもいいでしょう。

私のゼミの学生には、静かな「山」のような人が多くいます。私自身とは、正反対の気質の学生が集まってくる。なぜ、地味でちゃんとした人がたくさん集まっているのか、不思議になるほどです。彼らにとっては、私の存在が少しスパイシーで刺激になっているのかもしれません。

知と仁で触れる芸術

芸術に触れるときも、作家や作品の気質を考えると、とらえ方の幅が広がっていきます。

たとえばバッハは、静かで命が長い感じがします。同じ旋律が繰り返され、曲の盛り上がりがあるような、ないような感じです。宇宙のサイクルの中に包み込まれるようなゆったり感があって、「山的」と言えます。

ロマンを求めるならショパンですが、こちらは命が短い感じがします。そして、激しく感情の流れが移り変わるような、ドビュッシー。

好きな楽器、好きな曲、好きな絵などを「知」と「仁」の対比で見ていくことは、なかなか面白いものです。また、自分の気質にどのような刺激があるか、どのようにフィットするかでとらえていくと、芸術が堅苦しいものでなく、親しみやすくなります。

日本の男性は、絵の展覧会にはあまり行きません。教養だと考えると距離感がありますが、「すごい絵が来ている」と聞いたら、とりあえず出かけてみてほしい。そして自分の気質に合う絵を見つけて、複製画を買って部屋に飾るといいのです。

絵というものは、その人の心になんらかの動きを与えてくれるものです。うまい下手は、決定的な要素ではありません。その絵が自分の心に入ってくるのが大事です。

たとえばフェルメールがじんわりくる、というタイプの人がいます。フェルメールは構図が決まっていて、美しい静謐な光が左の窓から差してくる。生きている瞬間の、堅実な喜びにあふれた「山系」の絵ですが、マグリットはまったく違います。アイディア勝負でどちらかというと「水系」の絵と言えます。

絵を眺めながら、心動かされる「この一枚」に出会えればいい。そうすると、高尚だと思っていた展覧会も、気楽に見ることができます。

一枚を決めたら、最後にその絵の前にもう一度戻り〝この絵は自分のものだ〟と思って眺めます。〝これが部屋にあると、自分の心が整うな〟とか〝気力が充実してきそう〟とか〝心が休まる〟とか、自分の寝室や書斎に置くことをイメージして、その絵と対話するのです。そして複製画を買ってくるといい。お金がないなら、絵ハガキでもクリアファイルでもいいと思います。それを部屋に飾ったり、ファイルを仕事で使ったりすると、ちょっといい気分になってきます。

自分に響いてくる一枚は、それによって心が整いやすくなるもの。芸術を自分の活力に変えている実感もわきます。「自分のスタイル」という意味でも、物事を「知」と「仁」の二者で見ていくのは、面白いものです。

正しい人間性チェック

君子に九思あり。視るには明を思い、聴くには聡《そう》を思い、色には温を思い、貌《かたち》には恭を思い、言には忠を思い、事には敬を思い、疑わしきには問いを思い、忿《いか》りには難を思い、得《う》るを見ては義を思う。（季氏第十六の一〇）

――君子には九つの思うことがある。見るときには〈明〉（はっきり見ること）を思い、聴くときには〈聡〉（もれなく聞くこと）を思い、顔つきは〈温〉（穏やかであること）を思い、姿・態度については〈恭〉（うやうやしく控えめであること）を思い、言葉については〈忠〉（誠実であること）を思い、仕事には〈敬〉（慎重であること）を思い、疑わしいことには〈問〉（問いかけること）を思い、怒るときには〈難〉（その後の面倒）を思い、利得を目の前にしたときは〈義〉（公正な道義）を思う。

九つのチェックポイント

自分がどういうふうに生きていったらよいか、働いていけばよいかを考えるとき、チェックポイントを持とう、という話です。

話は少々ズレますが、これは『南総里見八犬伝』に出てくる八個の玉「仁・義・礼・智・忠・信・孝・悌」と似ています。八犬伝の場合は八個の玉が飛び散って、八剣士がそれを持っているという話ですが、こちらは九個の文字。「明・聡・温・恭・忠・敬・問・難・義」です。

漢字は一文字一文字に意味がある、という話は前にもしました。ここでは「視る＝明」「聴く＝聡」というふうに、言葉がセットになっています。それぞれのチェックポイントは次のとおりです。

「視る＝明」……きっちりと客観的に、明瞭に物事を見ているか。
「聴く＝聡」……バランス感覚を持って、人の話をよく聞けているか。
「色＝温」……顔つきは穏やかでいるか（色とは顔つきのこと）。
「貌＝恭」……人に対して丁寧であるか。
「言う＝忠」……自分の言ったことに忠実であるか。
「事＝敬」……物事を進めるときには、慎重であるか。
「疑い＝問」……何か疑問があったとき、質問ができているか。
「怒り＝難」……腹の立つことがあっても、心を抑えているか。
「得る＝義」……自分の損得ばかりではなく、筋道を考えているか。

この九つを円の中に書いてそれぞれ五段階評価し、バランスシートにしてみましょう。

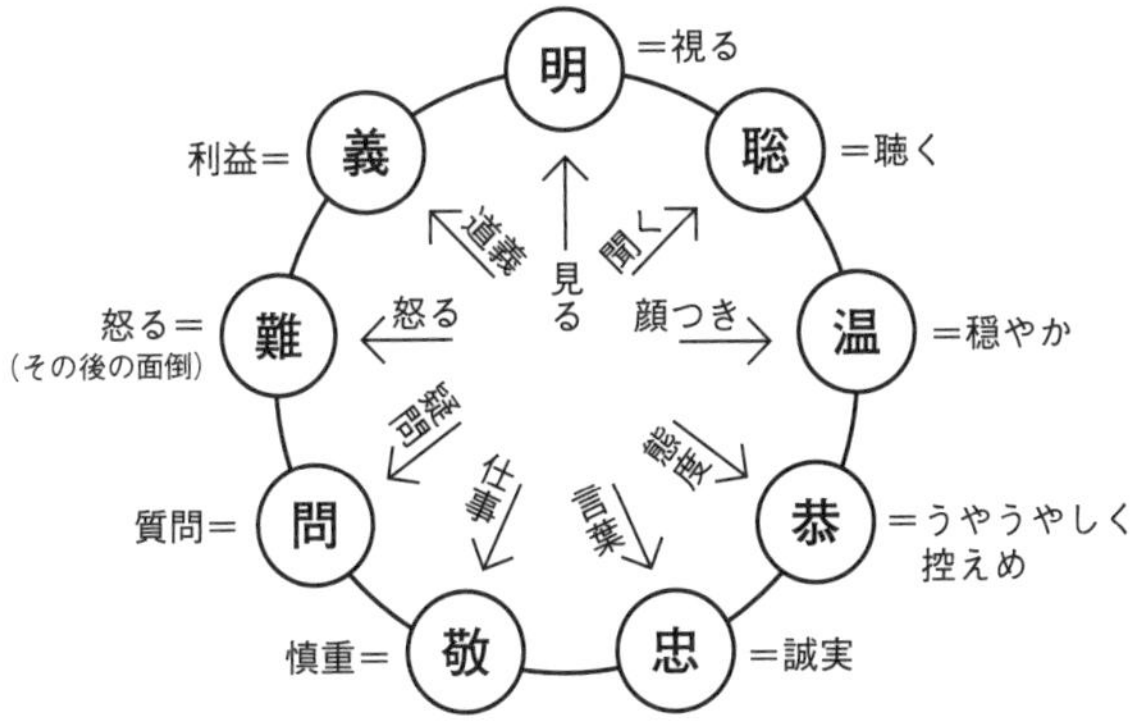

自分の長所と短所が見えると、課題が明確になる

自分自身をとらえるとき、「人間的に優れているか」というような大雑把なとらえ方をすると、ポイントがぼやけて広がってしまいます。しかし、このように分節化してとらえてみると、問題をつかみやすい。顔つき、態度、言葉などを別々に考えることで、自分自身の長所や短所が見え、課題がはっきりしてきます。

苦手な点を直せば、人間性が伸びていく

自分の課題がつかめたら、まずは不出来なポイントを一つ絞って練習をしてみましょう。「聴く＝聡」が五段階評価で一の人は、しっかり人の目を見て聞くことを心がけてみる。「色＝温」で穏やかな顔つきができない人は、顔をマッサージしたり、息をフーッと吐いたり、実際に行動してみます。

すると、苦手なところが一だった人も、四や五になっていく。周囲からも「最近いい感じだね」と、言われるようになります。

普通はよく、「得意なところを伸ばせ」と言います。仕事をする上では、もちろん得意な分野を伸ばすのがよいのですが、人間性に限って言えば、苦手なところを克服したほうが、周囲の評価が高くなる。苦手なところを直すと「ものすごくよくなった、変わった」と、気づかれるのです。たとえば、話すのが得意な人が、それ以上話すことを得意にしていくよりも、聞くことを学んだほうが「変わった」と気づかれます。

私のゼミの学生にも、聞くことができない人がいました。頭はいいし、しゃべることは得意ですが、人が投げかけた言葉を聞いていない。しゃべり中心、ノリ中心のタイプでした。就職活動をしても、それが面接官に伝わってしまうのでしょう。ほとんど内定をもらえなかったのです。その彼が、かろうじて入社したのは厳しい会社で、ものすごく苦労したようです。就職後一年ほど経って教え子たちが集まったとき、「あいつ変わったな」「すごくよくなったね」と、仲間同士で話していました。実は、言葉に出さなくても、周囲はその人が話を聞けるかどうか、ちゃんと見ています。そして苦手なところを克服すると、人の評判は急激によくなるのです。

一番苦手なところに焦点を当てて、何か一つを、まず変えてみることだと思います。

正しい満足

中庸《ちゅうよう》の徳たるや、其れ至れるかな。（雍也第六の二九）

――過不足なく極端に走らない〈中庸〉の徳は、最上のものだね。

人生のバランスをとる

「中庸の徳」に対する理解は、生きていく上でとても重要です。

ギリシャ時代にもアリストテレスは、「中庸が大事だ」という意味のことを盛んに言っていました。「勇気がありすぎると乱暴者になる。勇気がなさすぎると臆病者になる。両方の極端をとるのではなく、コントロールされた勇気を持ちなさい」。これはまさしく、中庸の思想です。

たとえば目の前に、「決まりをきちんと守る」人と、「決まりにとらわれたくない」人がいたとします。とらわれたくない人から見れば、決まりを守る人は「杓子定規」。反対に、決まりを守る人から見れば、そうでない人は「ルーズ」です。どちらかがよいのではなく、その間をすり合わせていくことが大事です。

中庸というのは、ある一つの要素に対して、逆の要素を入れ、バランスをとっていくこと。量的なバランスは、人によって違うし、どこが中庸かわかりにくい部分があります。その人の気質が、もともとリラックスしていれば、ちょっと固いものを多くしなければならないし、もともとバランスがとれていれば、少量でいいかもしれない。人によって「やじろべえ」のバランスは違うのです。

また、臆病な人は、慎重さを磨くというのも一つの方法ですが、慎重すぎると前に進めなくなります。この場合も逆の要素を入れて、中庸に近づけていくことが大事です。

私の場合、物事をきっちり地道にやるのはとても苦手でした。思いついて行動を起こしたり、短期的に勝負するのは好きなのですが、地道に勉強をするのは非常に苦痛だったのです。しかし、学者になるとそれが要求され、細かい調べごともしていかなければなりません。そういうことは十年もやっていれば、訓練されてさすがに身につく。これが、自分にとっての「中庸に至る道」でした。

自分と逆のものをうまく取り入れながら、真ん中をとっていく。真ん中というのは平均的な場所ではなく、自分なりの真ん中。ですから、個性のない面白みのない人間ができるのではありません。人がもともと持っている気質は、なくなったりはしないのです。

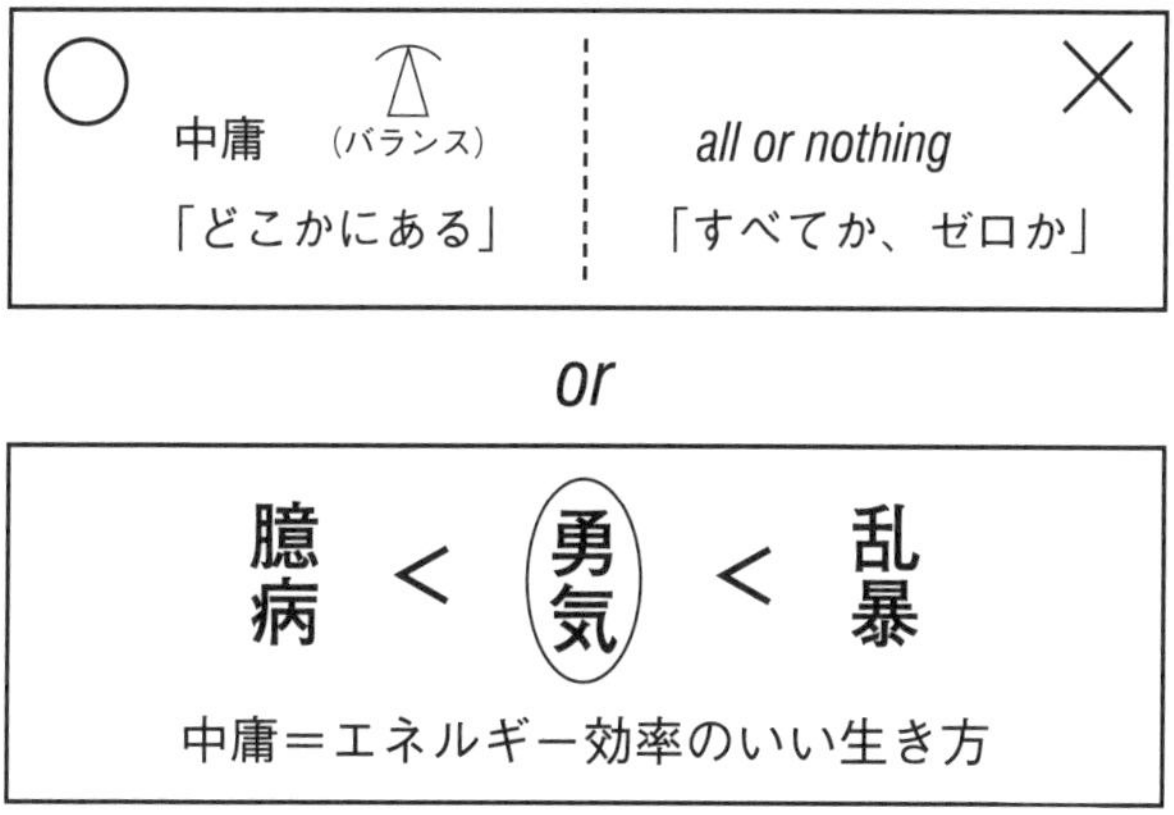

中庸とは「自分なりの真ん中」

『養生訓』に学べ

貝原益軒が書いた『養生訓』という本があります。養生のためには、いかに中庸が大切かを説いた、非常に面白い本です。

たとえば、極端にたくさんのお酒を飲んではいけない。では、お酒は絶対に飲まないほうがいいかというとそうではない。一日一～二合ならよい。お酒が好きな人は、飲むことによってリラックスできるから、むしろ飲むほうがいい。生活全体のバランスがとれていれば、それが中庸だ、と益軒は説きます。

根本には漢方医学の考え方があるのですが、ベースとなっているのは儒教の考え方。孔子が『論語』で説いた考えを、養生に生かしたのが『養生訓』なのです。

「過ぎたるは猶お及ばざるがごとし」という言葉がありますが、益軒はこの言葉を軸にして様々な実験を自身の体で行い、八十四歳まで生きました。当時の八十歳以上というのは、かなりの長生きです。

彼が試したものには、「食べてすぐに横になってはいけない」とか「食べたら数百歩でもいいのでとにかく歩く」などがありました。これがバランスをとって生きる方法であり、養生の秘訣だと記されています。

貝原益軒の考えの中心にあるのは、「自然の気の流れ」でした。人間の体にも気は流れていて、それが滞りなく流れ続けるのが大事。そして、自分の中の気と、自然の気と通い合わせることはもっと大事。そのために自然と触れ合い、他の人とも話をして、滞りのない気の流れを作りなさい、と語っていたのです。

自然は、バランスがとれた世界です。ミミズだって、いないと大変なことになる。害虫と思われているものも、大きな自然の中では必要で、すべてがあってバランスがとれている。人間も自然の一部として、生態系の中で生きていかなければなりません。

若い時代は、オールオアナッシングで考えてしまうことがよくあります。イヤなときはすぐやめる。ダメなものは受け入れない。ゼロか百、黒か白……。

しかし、自然の中にはオールオアナッシングということはありません。黒か白かではなく、その間の微妙なバランスの中にこそ、人生の機微や学びがあるのです。

それぞれに中庸のラインがある

ところで、私は人生のプロセスというのは「ちょっと行きすぎて戻る」くらいがよいのではないかと思っています。

青年期に、ちょっと行きすぎる。無茶をして暴れたりする。スポーツにしても、夏休みの炎天下で高校野球をやるのは、行きすぎを感じます。決勝戦がなぜ午後一時のプレイボールなのか。今はナイターもあるので、夕方五時や六時に涼しくなってからやれば何の問題もないのに、連戦に連戦を重ねてなお、一番暑いときに決勝戦をもってくる。観客も「暑い、暑い」と言いながら、陽炎が立つような中で試合を観る。それはなぜなのか。

どこかに〝高校生というのは、無茶をしても壊れないだろう〟という思いがあるからです。また、無茶をするくらいのほうが盛り上がります。それは若さというものが、少々やりすぎても大丈夫な、祝祭を受けた時期だから。そして、生命力の強さをあえて試すように、謳歌するところがあるからです。

このように、青春期に「ちょっと行きすぎ」を経験しておくと、その後に「あそこまでは無茶だったな」と言って戻ってこられます。

また、大学生の時期には「飲みすぎた」とか「徹夜マージャンをやりすぎた」とか、恋愛でも遊びでも行きすぎて「アイタタタ……」ということがあります。そうすると、「やっぱり、やりすぎはよくない」ということに気づいて、戻ってこられるのです。

「行きすぎ」は、人としてバランスをとる上での、一つのプロセスです。しかし、最初から草食系というか、少なめ少なめに見積もってしまう人もいます。そういう人は、胃袋にしても小さくなって食べられないし、何をするにも適正な地点まで到達することが難しくなってしまいます。

社会全体で見たときには、少々やりすぎる人がいないと、なかなか風通しがよくなりません。「及ばない」人が多い現代においては、「及ばざるは中庸に至らず」と言い換えてもいいくらいだと私は思います。

一度、中庸のラインを引いて、自分がどこにいるかを考えてみるといいでしょう。

Aタイプの人は「行きすぎちゃった」と言って戻ってきて、ようやくそのラインがわかる。Bタイプは少しずつ積み上げて〝もっと行ける〟と、そのラインを目指す。Bタイプの人は〝このへんでいいだろう〟と考えがちなので、パワーを上げていかなければならないし、Aタイプの人は調子に乗っているので、常に「おっとっと」と自分の気持ちをセーブすることが必要です。また、周囲にAタイプがいれば寛容に受け止めて軽くいさめる対応をし、Bタイプがいれば褒めて励ます対応をする。

いずれにせよ、中庸のラインを見つける道のりは人によって違います。それぞれの方法で見つければよいのです。

人はみな「生かされている」

医師の帯津良一先生と、対談させてもらったことがあります。帯津先生は、がん治療の中に、代替医療と言われる民間療法や、音楽療法や気功法などを取り入れています。

それらは、西洋医学の足りない部分を補うという面で取り入れるとバランスがいいのですが、代替医療に夢中な人は、西洋医学を信用していない人が多いと、こう言われました。

「抗がん剤もダメ、放射線治療もダメ、と言うのですよ。しかし、そういう固い考えでは、目の前の患者さんを救えないんだ。抗がん剤が効く人もいるわけで、そういう人にはちゃんと抗がん剤治療をしたほうがいい。西洋医学を否定するのではなく、組み合わせて一番効果のあるところで、中庸をとるのが大事だと思いますね」

精神的な意味でも、生死のバランスがとれるような医療を追求していくと、普通の医療がもう少し、「養生」という考えに広がっていくのではないか、と話しました。

総合的にバランスのとれた思考。それは、宇宙や自然や仲間との関係の中で、自分が生かされていると思い至ることです。大きな話になってしまいましたが、「中庸思考＝バランス思考」と考えると、様々な面で〝今、この中庸はどこだろう?〟と考えられるようになり、よりよい生き方ができるようになっていくと思います。

正しい在り方

知者は惑《まど》わず、仁者は憂えず、勇者は懼《おそ》れず。（子罕第九の三〇）

――知者は迷いがなく、人格に優れた仁者は憂いがなく、勇者は恐れがない。

「知・仁・勇」の三角バランス

「知・仁・勇」は、セットになっている有名な言葉。といっても知らない人が多いかもしれません。この三つを三角形のように考えるとよいでしょう。

「知」は知性。頭のよさや理解力のある人です。

「仁」は人格的に優れた人。他者に対する思いやりや優しさがある人です。

「勇」は勇気のある人。チャレンジ精神があり、踏み込んで物事に当たれる人のことです。それぞれによさがありますが、もう少し突っ込んで考えてみましょう。

「知」の人は、理解力があり、物事を整理して考えられるため、迷いが少なくなります。迷いというのは、精神的な迷いもありますが、いわゆる判断力のことでもあります。ＡＢＣと三つの道があるとき、知の人は考えます。「Ａは最初にやらなければどうしようもない。それをやったら、初めてBとCがついてくる」。頭のいい人ほど、物事を冷静に整理でき、優先順位の決定能力が高いため、迷いが少なくなるのです。

「仁」の人は、つまらないことや心配しても仕方ないことに対して、心配をしません。逆に言うと、常に憂いや心配を抱えている人は、それだけで「仁者ではない」ということになる。「人格が練れていれば、憂いはなくなる」というのが、孔子の考えだからです。

日本人は、人柄がいいという人はたくさんいますが、心配事が頭を去らないため、仁にはなかなか至りません。

また、日本人はどちらかというと器が小さく、何か事件が起きるとすぐにピチャピチャと水のように揺れる印象です。マスコミも祭りのように大騒ぎします。たとえば、テレビの番組に出演していても、非常にムラ社会的なものを感じます。芸能人の麻薬事件や暴行事件に大騒ぎしては、また忘れて次にいく。社会的に見ると、どうでもよい事件ですが、騒いで一喜一憂することが多くあります。仁者というのは、一喜一憂はしません。喜ぶほうはよいとしても、憂いをどう処理していくかが、日本人にとっては重要なところです。

「勇」は、現代においては戦うことではありません。進んでチャレンジしていく人。何が起きるかわからなくても、恐れずチャレンジできる人です。

「勇」は、かつて戦争に利用されたことがありました。いさましい勇士になることが戦争の目標になり、それがイメージを悪くして、だんだん「勇」が重んじられなくなってきましたからでしょうか。今の若い人たちの間には、相当「勇」が足りなくなっています。どんなこともチャンレジして飛び込めば、学んでいくことができる。その循環を作るきっかけは、勇気です。

実は、勇気がない人は、自分を追い込むことになります。変化が激しい時代においては、勇気がなくて鬱々としていると、環境変化に耐えられず脱落してしまいます。大学生を見ていて思うのは、勇気を持って発表できない人が多い。指名されたらちゃんと答えられるのに、意見を募っても何も出てきません。それが、最近の日本人の特徴になってしまった気がします。

頭のよさ、心の広さ、そして一歩踏み出す力。この三つを三角形にして「知・仁・勇」と考えてみましょう。どれを真ん中に置いてもよいのですが、この三角形でバランスをとる。これも一つの「中庸の生き方」です。

「徳」とは「バリュー」である

「知・仁・勇」のような力を「徳」や「徳目」と言います。徳という言葉自体、現代においては使わなくなったため、よくわからなくなっています。「人徳がある」という言い方はするかもしれませんが、「仁の徳を身につけるように努力する」とか「勇という徳を身につけるように努力する」という価値観は、ほとんどありません。徳の考え方そのものが

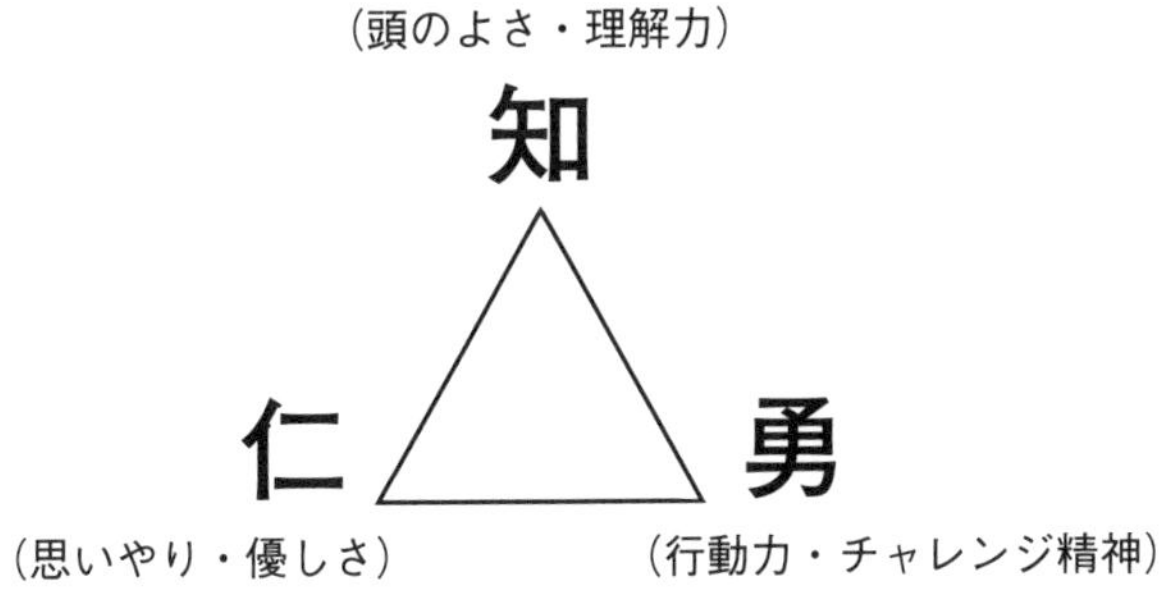

徳（知・仁・勇）を身につける＝ **value!!**

「知」「仁」「勇」を身体化していこう

すたれているので、「道徳」をイメージして、古くさく感じてしまうのです。

しかし、「徳」というのは「バリュー」のようなもの。「価値」と言ってもいい。「道徳」というイメージとは、ちょっと違います。「道徳」は社会ルールですが、「徳」とは人間の価値です。「知」という人としての価値、「仁」という人としての価値、「勇」という人としての価値なのです。

そして「今、自分は『仁』をどれくらい持っているだろうか」ということを、チェックしながら生きてみようと思うことが大事です。

〝私はまだ仁者ではない。でもこれくらい近づいてきたな〟とか〝勇の要素はあるけれど、ちょっと知が足りないな〟と考えてみる。徳目は、人が身につけるべき人格的なワザだと考え、「知」や「仁」や「勇」がワザとなって常に実現できるようにする。心の習慣にして自分のものにしていくことが必要です。

「知」も「仁」も「勇」も、持って生まれたものではないため、学ぶ価値があります。その価値を、身体化していくということなのです。

孔子は、「知っているか、知らないか」ではなく、「身体化できているか」を重要視しました。そして、行動や話し方に表れる徳を見抜きました。

「知・仁・勇」の三角形を書いてみることで、自分に足りないことが見えてくるでしょう。「自分には行動力が足りない」という人は「勇」が足りない。「行動はするけれど、先のことは考えない」という人は「知」が足りない。悩んでばかりいたり、ぐずぐずしていて人格的に成熟していない人は「仁」が足りない。そのようなバランスで、自分を見ていくことです。

徳目のバランスの中で、自分自身を生かしていくのが、孔子のやり方です。徳目というのはこの三つ以外にも、礼節を重んじる「礼」、忠実を尽くす「忠」、正しく筋道を通す「義」などが挙げられます。

正しいバランス

質、文に勝てば則ち野《や》。文、質に勝てば則ち史《し》。文質彬彬《ひんぴん》として然る後《のち》に君子なり。

（雍也第六の一八）

――質朴な内面（〈質《きじ》〉）が表に出る言動（〈文《かざり》〉）よりも勝ちすぎると粗野になる。表に出る言動が質朴さに勝ると、文書役人のように要領はよくても誠が足りなくなる。文と質、つまり外への表れと内の充実の両面がバランスよく整っているのが、君子というものだ。

中身重視か、外見重視か

「質」と「文」というのは、対比される概念です。

質とは、「質実剛健」や「質朴」という言葉があるように、「中身がある」「しっかりしている」という意味。文というのは、訓読みすると「かざる」という意味になります。

質が勝っている場合は中身重視の野人であり、文が勝っている場合は恰好ばかりを気にした外見重視の文書係。これが両方あってバランスよく溶け合っているのが、君子であると語られます。

たとえば、明治時代の書生さんは、着るものもかまわず勉強に励んでいたイメージです。しかし今の時代は、男子でもみんな眉を整えています。高校野球の球児たちも、異様に眉が整っているピッチャーなどがいて、私はどうも違和感を覚えますが、そういうファッションが「文」に当たります。他人の目を意識して、外見を整える人のことです。

それに対して、身なりにかまわない人や、おしゃれでない人は、相手を軽んじることになったり、会う人を不快にさせることがあります。「質」ばかりを問うのは、男子校や女子校など同性ばかりのグループに多い状態です。

ところが、今は逆に「文」の圧力が強くなりすぎて、ある女子校ではプチ整形が流行している、という状況も起こっています。きれいになることに必死になりすぎ、どうやったら目を大きく見せられるか、爪をきれいにできるか。そこに命をかけているような状態になって、あまりにも「質」がなくなってしまっているのです。

孔子が語った「質」と「文」のバランスは、パッと見ればだいたいわかります。

「この人は質が勝ちすぎていて、周囲に気を配れていない」

「この人は文が勝ちすぎていて、中身が充実していない」

この二つがバランスよく溶け合うと、君子となるのです。君子は中身が充実しているからといって、見た感じが野人ではないはずです。

質＞文（かざり）	中身重視	野人
質＜文	外見重視	史（文書係）
質＝文 ↑ ブランド化	バランスが良い	君子 ＝ブランド ＝成熟

自分を「ブランド化」できるのは、自分だけ

〝ブランド化〟を目指そう

これは人間だけではなく、商品や物に対しても当てはまる言葉です。

かつてはどんな物も、機能を果たしさえすればよい時代がありました。しかし、だんだんにデザインが重視されるようになってきました。どんなに機能がよくても、デザインが悪ければ買ってもらえません。パッケージやネーミングも同じこと。気がきいていなければ、消費者は手にしないのです。

二十世紀後半、デザイナーの存在は大きくなり、二十一世紀ではさらに大きくなってきました。様々なものを生み出すとき、デザインが「売れるか、売れないか」に重要な役割を果たすようになっています。

質と文のバランスがとれている状態というのは、物においては「ブランド化」した状態

だと言えるでしょう。単なる装飾だけではブランド品にはなり得ません。

「エルメス」や「ティファニー」や「ルイ・ヴィトン」などの歴史あるブランドは、質が評価されて貴族に使われ、実質が求められて鍛えられてきました。それがブランドとして確立し、多少高くても〝この店のものなら〟ということで信用を得て売られている。高めの価格をキープできるから、品質もキープできるという循環を作っているのです。

今の時代は、多少品質は悪くても「安ければいい」という方向にいってしまう傾向があります。しかし、ブランド化というのは大事で、なぜその店や商品が信用されるようになってきたかを考えるべきです。そこには実績がある。ただし、現代においては実績もないまま、派手なパブリシティやブランディング戦略によって、急速にブランド化する、「質」のないブランドもあるので見きわめが重要です。

最近、見直されているのが「老舗」です。もちろん、歴史が長く続けばよいというものではありません。たとえば食べ物で言うと「三百年以上前の寛永〇年のお菓子」をそのまま出されても、それがおいしいかというと、疑問がある。お菓子も進化していかなくてはならないのです。三百年前と同じでいいわけではありませんから、そのあたりの「質」と「文」のバランスを見つけた老舗は、真の意味でブランド化していけるでしょう。

そして、私たち人間も「質」と「文」を高め、自分を信頼あるブランドにしていくことが大切です。

正しい反省

吾《わ》れ日に三《み》たび吾が身を省る。人の為に謀《はか》りて忠《ちゅう》ならざるか、朋友と交わりて信ならざるか、習わざるを伝うるか。（学而第一の四）

――私は毎日、三つのことについて反省する。人のために誠心誠意考えてあげられたか。友人とのつきあいで〈信〉（言葉と行いが一致すること）であったか。しっかり身についていないことを、受け売りで人に教えたのではないか、と。

反省の回路を開こう

これは、曾子《そうし》の言葉です。曾子は孔子の弟子で、そのまた弟子が曾子の話を書きとめました。

「反省」と聞いて思い起こされるのは、昭和の小学校で行われていた「帰りの反省会」です。学級会とはまた違って、帰る前に一日の反省をする時間が二十分ほどありました。それは、今の時代では考えられないほど修養的なものでした。

「○○君が、順番通りにちゃんと並んでいませんでした。よくないと思います」

誰かが手を挙げて言うと、名指しで言われた子はみんなの前で
「すみませんでした。これから気をつけます」

などと言って謝ったものです。おそらく今の子どもたちは、こんなことをするとイヤな気分になると思うのですが、実はこうして「反省」が習慣になっていると、そこが出発点になり、次のステップへ向かうという回路ができます。

一日の終わりに反省があって、次が始まる——。昭和の学校には、目標を確認して反省するという循環がありました。息苦しい部分もあったけれど、それが学校という場所だったのです。

昭和の時代に比べると、今は反省の回路ができないまま、大学生になっている人が多いことに気づきます。教育実習を途中でやめてしまったり、直前に辞退してしまう人も多くいる。そんなときには反省文を書いてもらうのですが、反省できているか、できていないかは、文面ですぐにわかってしまうのです。また、話していてもわかります。

例がよいかはわかりませんが、「押尾学事件」などを見ていると、彼には反省の回路がないように見えます。それが悪循環となり、ひいては人からの信用を失っていくのです。

三点チェックで振り返る

反省とは、やたらに暗くなって落ち込むことではありません。曾子が言っているのは、

3点チェック法

忠（人）	信（友）	習
◎	○	◎

↓たとえば……

挨拶	親切	修正
◎	△	◎

面倒くさくならない程度の目標が必要。

反省をワザ化すると、人格が変わる

「毎日三回振り返る」ということです。

まず、人のためを思い、真心をこめてやったか（忠）。次に、友人に対して約束を守ったか、誠実であったか（信）。最後は、自分が受け売りでものを言わず、先生から習ったものが身についているか（習）。

もっとシンプルに言えば「人にどう対応したか」「友達に誠意を尽くしたか」「復習をしたか」ということです。簡単なようですが、この三つさえしっかり押さえていれば、仕事でもプライベートでも問題は少なくなっていくと思います。

具体的には、ノートに「忠」「信」「習」の三つの欄を作って、確認していくとよいでしょう。一週間ごとに◎や△をつけ、身についたかどうかを自分で判断します。

項目が多すぎるとチェックするのもイヤに

なるし、習慣にもなりにくい。だから三ポイントだけ。三点チェック法でよいのです。

たとえば、「忠」の欄には「挨拶がちゃんとできたか」、「信」の欄には「感じよく優しくできたか」、「習」の欄には「言われたことを修正したか」など、より細かく具体的な自分の目標を書き入れて、毎日振り返る習慣をつけます。

そして、それができたと感じたら、次の週は新たな目標に入れ替えていく。これを毎週つけていくのです。私の経験から言うと、一つの習慣が意識して直るまでに、だいたい一～二週間はかかります。

手帳はたいてい一週間が一見開きになっているので、常に同じところにチェック欄を設けるとよいと思います。面倒くさくならない程度に、体重チェックくらいの軽い気持ちで「今週の目標」としてやっていきましょう。

習慣が変わると人格も変わる

これを実行していくと、「最近、明るくなったね」とか、「お客さんの反応がよくなったね」など、きっと何かよいことを言ってくれる人が現れます。そういう社会になっていかなくてはならないのですが、変化を褒めてもらえると、人はまたやる気になります。

そして一～二週間もすると、目標にしたことが身についてきます。習慣が変わると、人格も変わったように見えてきます。

反省というのは、あまりヘビーに人格全体に向けてしまうと自己否定になっていくので、具体的にポイントを絞ること。反省は修正の一つのステップなので、「気分」とは切り離していくのがよいと思います。

〝悪いことをした〟と思い、後悔もしている。それでも反省はできないという人がいます。しかし「後悔すれども反省せず」という人より、「反省すれども後悔せず」という人のほうが、数倍よいのです。

一流の人というのは、後悔する暇があったら次に向かって走り出している。勝負事をする人は、特にそういう面が強くあります。前のことを悔やんでいると、次のことに影響を与えてしまう。だから、悔やまないけれど反省して次に行くのです。

もう一度、反省について整理してみます。

「反省と後悔は分ける」

「具体的なポイントを挙げて反省する」

これが正しい反省の仕方です。曾子の場合は、毎日三回ずつ続けて、反省をワザにしました。

三つの項目は、次々に入れ替えてもいいし、「時間を守る」とか「いつも笑顔」ということが自分にとって本当に大事なら、三つのうちの一つは、ずっと同じ内容でもいい。笑顔でいられたり、時間を守ったりというのは、一生の目標として悪くありません。

こうして三つの項目を、繰り返し省みる。大切なのは、生涯何度も繰り返してワザにしていくということです。

正しい安定感

老者《ろうしゃ》はこれを安んじ、朋友《ほうゆう》はこれを信じ、少者はこれを懐《なつ》けん。（公冶長第五の二六）

――老人には安心されるよう、友人には信頼されるよう、若い人には慕われるようでありたいね。

年齢別、三つの関係対応法

「あなた方は、どんな人でありたいか？」

孔子が、弟子の子路と顔淵に質問しました。すると子路は、「友達と一緒に車や外套を共用して、それが傷んだとしても、くよくよしない人でいたい」と答え、顔淵は「よいことを自慢せず、つらいことを人に押しつけないようにしたい」と答えました。

わりとずうずうしい性格の子路は、「では、先生の思いも聞かせてください」と孔子に向かって言います。普通の師弟関係では、師匠にうかつなことは聞けない雰囲気があるものです。しかも『論語』は上下関係の厳しさを語ったものですが、ここでは意外にリラックスした雰囲気のやりとりです。

そのときの孔子の答えが、この三つでした。このようなとき、孔子は奇をてらったことや、特別に面白いことを言ったりはしません。しかし、たとえば「人から信頼を得ることだ」と言うだけではつまらない。

相手を三つに分けて、それぞれに対する向き合い方を語ります。こういう答えが瞬時に出てくるところが孔子のすばらしさです。たとえ違う質問だったとしても、「家庭ではこのように、仕事ではこのように、周囲の人にはこのように」など、常に答えの準備ができているのでしょう。そしてこの言葉は、高尚すぎて届かないような内容ではなく、とても身近な感じがします。誰もが目標にできることであり、特別哲学的でもありません。これも、孔子の言葉のすごいところです。

実際、高校生にだって当てはめることができます。高校二年生なら「三年生とうまくやれているか」「一年生に慕われているか」「同級生に信頼されているか」と考えられる。ただ、誰にでも目標になる内容ですが、それが当たり前にできない人は多くいます。

「あなたは、若い部下に慕われていますか?」

質問されたら、「NO」と答える上司は結構いるでしょう。この三つは、簡単そうで案外難しい。こうして考えると、孔子の言葉は「この三つができていれば、人生というのはだいたいOKだよ」という「OKラインを示している」とも言えます。

長い人生において、若いときには上の人から好かれ、やがては下の人に慕われていくこ

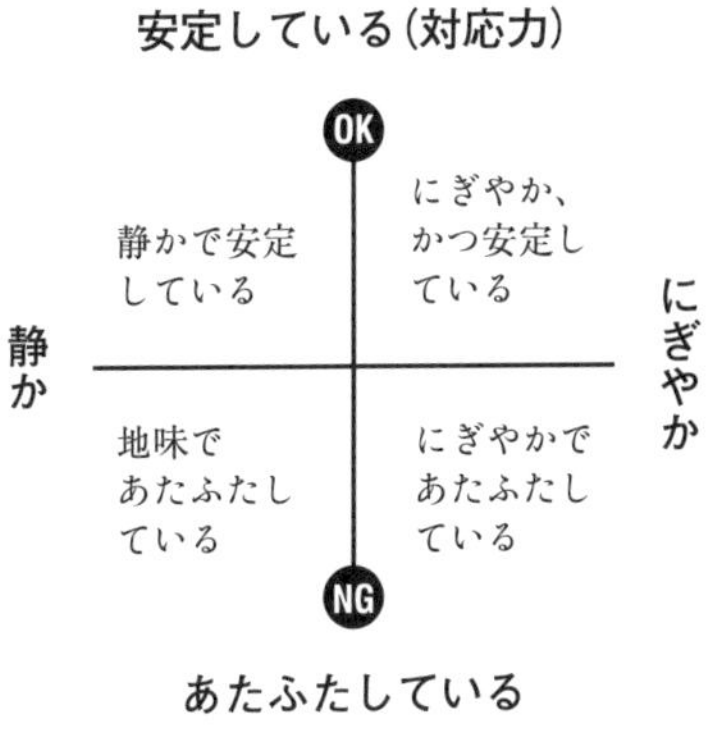

「安定感＝対応力」があると、人から安心して仕事を任せてもらえる

とが重要です。出世というのは、自分が這い上がっていくイメージを持つかもしれませんが、基本的には上の人が引き上げてくれないとどうにもなりません。ですから、上の人が安心して任せられるような仕事をする。〝あいつなら任せられるな〟と安心されたら、出世ができるのです。

　私の大学では、学生が次々に教師になっていくのですが、評判のいい人は周囲から「落ち着いて任せられる」と言われます。

　ある年、ゼミの学生が二人、同じ学校に就職しました。ずいぶん性格の違う二人ですが「一年目にしては二人とも落ち着いているね」と褒められました。

「気質」と「安定感」は別のものです。落ち着いた安定感があれば、その人の気質は明るくてテンションが高くてもいいし、地味で静かでもいい。反対に、テンションが高くてあたふたしている人もいるし、地味で静かなのにあたふたしている人もいます。「あたふた」には修正が必要ですが、もともと持っている気質は、直す必要がありません。

「圧迫面接」で腹のすわった人になる

安定感とは、対応できる力です。どんなことが起きてもパニックにならず、落ち着いて対応できて初めて、一通りの及第点を取ることができます。そして、だんだんに責任ある仕事を任せられるようになります。

上の人に〝任せて大丈夫〟と思われるためにも、安定感はもっとも大事。これが上手にできるようになると、社会的に自分のポジションを確立することができるようになります。「どうしよう、どうしよう」と、やる前から慌ててしまったり、感情的になってすぐに泣いてしまったり、「ダメです、無理です」と否定形で答える人は、周囲を不安にさせてしまいます。そうなると、とてもじゃないけれど、任せられないということになってしまう。どんな状況でも「ブレない」「動じない」というのは、若くても大事なことなのです。

昔は、落ち着いて行動できる人のことを「腹ができている」とか「腹がすわっている」と言いました。腹のすわった安定した対応能力は、実は訓練によって、誰もが身につけていけるものです。

私は大学の授業で「圧迫面接」というものを取り入れています。四人一組になって、三人がテーブルの前に、一人がそれに向き合うように座って、面接の状況を作り出します。そして、学生同士でひたすら厳しい質問を投げつけていくのです。

たとえば「教師になりたい」という人に「どんな教師になりたいのか」「どんな授業をやりたいのか」、その教科に対する専門知識を問うなど、いろいろなところを突っ込み、圧迫するような面接をします。

質問が甘いと面白くないので、あらかじめ厳しいものを考えておいて、交代に面接を受けます。これをやると、対応力に差がはっきりと見える。学生からも「落ち着いて、簡潔に的確に答え続けた人は、すごいと思いました」という感想が多く出てきます。

実際これは、練習によってかなり向上します。ふだんの生活には圧迫面接的状況がないので、「あわわ！」とパニックになってしまう人が多い。しかし、そこで逃げたりせず、投げかけられた球を打ち返していくと、人前で的確に話すことができるようになります。これが「腹のすわった」落ち着きを生んでいくのです。

友達同士でなんとなく面接っぽい状況を作るだけでは圧力が足りないのですが、逃げられない状況を作り、最後に相互評価をする、という授業をやると、雰囲気がハードになって効果が高くなります。

正しい信念

内に省《かえり》みて疚《やま》しからずんば、夫《そ》れ何をか憂え何をか懼れん。（顔淵第十二の四）

――（単に憂いや恐れがなければ君子ということではない。）君子というのは、自分の心を省みて少しもやましいことがないからこそ、何も憂えず、恐れることがないのだ。

メンタルタフネスをつける

憂いや恐れがなくなれば、ずいぶんこの世は生きやすいものになるでしょう。しかし、たいていの人は心配事があったり、将来に恐れを抱いたりしているものです。〝リストラされたらどうしよう〟とか〝親子関係がうまくいかない〟とか、いろいろなことで悩むのは、今も昔も変わりません。

その対処法として、外部からのリスクを減らす方法と、自分の内部にメンタルタフネスをつける方法があります。

憂えているときに外部のことだけ考えても、完全に制御できるものではありません。上司の気分が突然変わって、低く査定されてしまうかもしれない。外部は自分ではどうにも

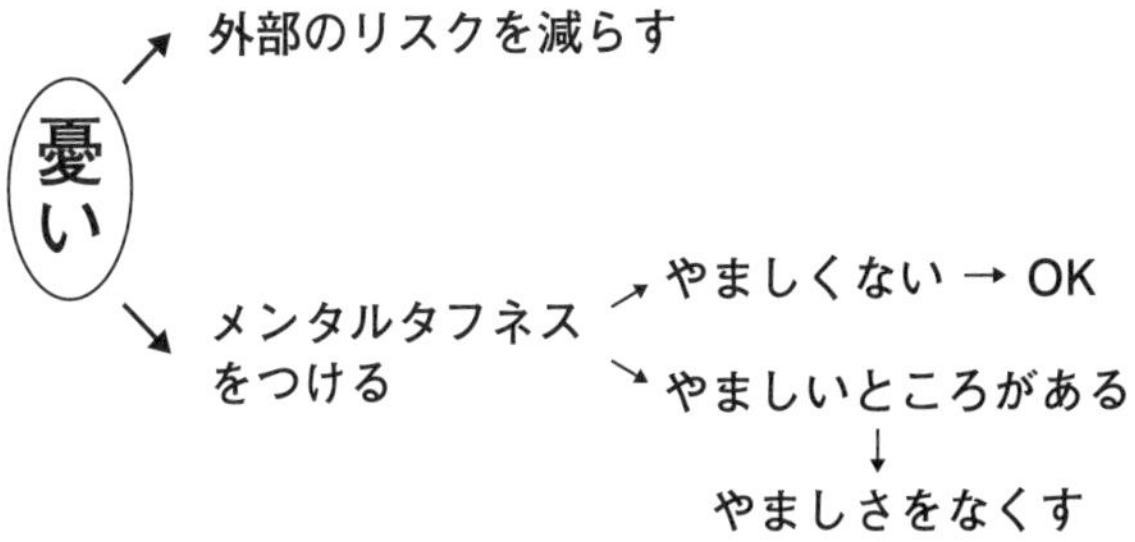

自分の内と外を合致させる努力を！

メンタルタフネスをつける＝腹を決める！

ならない問題を抱えていますが、内部は、ワザさえ身につければ憂いを制御できるようになっていきます。

その「制御ワザ」とは、自分の内面を省みて、やましいところがあるかどうか、問いを投げかける――これだけです。常に自分にこれを問うのです。答えが「ＮＯ」なら、あとは状況がどうなっても大丈夫、というふうに割り切れます。

たとえば、売れ行きが落ちて自分の評価が下がる、ということがあったとき、自分にやましいところがなければ、その状況は一種の天災みたいなものです。地震や雷の際に反省をする人はいません。それは仕方のないことだからです。

やましいところがあるかどうか。この一点において問いかけをしておくと、外部状況がどうなったとしても〝これは仕方がない〟と思えるようになります。

メンタルタフネスをつけるとは、腹を決めるということ。

自分がやったことにごまかしがないか。サボったところはないか。ルールを踏まえてやるべきことをやっているか。やっているとすれば、大丈夫です。

思い込みが身を危うくする

ただし、この「大丈夫」は、自分がやましくないと思っていても、他人から見れば基準そのものが狂っている場合があります。反省してるように見えて全然反省していなかったり、犯罪を犯しても悪いと思っていない人が、世の中にはごまんといるからです。

このとき大事なのは、自分のスタンダードと、周囲のスタンダードが合致しているかということ。

たとえば自分が〝これくらいで大丈夫〟と思う評価と、上司が見たときの評価が違うと、やましいところがないと思っていても、問題は起こります。合致させるためには、上司に「これで大丈夫ですか?」と、常にチェックしてもらうこと。これを行っていると、内部と外部の認識のズレが少なくなってきて、共通のスタンダードができあがるのです。繰り返しますが、自分で〝これくらいでいいだろう〟と思ってしまうのが、もっとも危険です。

小さな憂いは日々わいてくるものです。日本人は特に、くよくよ悩む人が多いと言われます。そんなときは「やましいことがないか」と、自分に問いかけること。何もないなら、孔子の言っているこの言葉を何度でもつぶやきましょう。

「何をか憂え、何をか懼れん」
「何をか憂え、何をか懼れん」
「何をか憂え、何をか懼れん」

孔子が味方になって応援してくれるような気持ちになり、気持ちも楽になってくるはずです。

正しい判断

君子は義に喩《さと》り、小人は利に喩る。（里仁第四の一六）

――君子は物事の筋である〈義〉がわかっている。小人は損得がわかっている。

「義」と「利」、どちらをとるか

かつての日本では「義」という言葉が非常に重んじられました。義とは、「筋を通すこと」ですが、人の名前にもよく使われていました。

「義一」や「正義」、女性でも「義子」という人がたくさんいたのです。「子」というのは優れた人につけられる尊称で、孔子にも「子」がついています。孔子の弟子の中でも「孫子」と言われるような人たちは、立派なお弟子さんでした。

たとえば「敬子」という名前も、敬の徳を身につけた敬いの心を持った優れた人、という意味です。「君子」に至っては「くんし」とも読める、立派な名前です。昭和の時代は、そもそも名前がとても論語的で、ヘビーなものだった。私の名前も「孝」ですから、論語の影響が大きいと言えます。

「義」と「利」に話を戻しましょう。

君子とは、筋を通す「義」の人。反対に自分の利益ばかりを気にする「利」の人は小人です。不等号で書くと、「利＞義」は小人で、「利＜義」は君子となります。不等号で理解していくと、わかりやすいですね。

「義」と「利」のどちらをとるか、というのは、仕事をしていると選択に迫られることがよくあります。目先のことを考えれば「利」となりますが、「義」を優先させるほうが結果的には信用を得て、大きな仕事につながっていく。

だから、小さな利益にこだわって関係性を悪くするよりは、〝こんな値段じゃ普通はできないけれど、人間関係を大事にするために今回はこれでいこう〟と考えることもあります。

それをもう少し突き詰めて先に進めると、「贈り物」という考えになってきます。贈り物というのは、自分の利益だけを考えると失うものです。しかし、お世話になっている気持ちや、義理や恩義の「義」の気持ちで贈る。そうすると気持ちがつながり、信頼関係がやがて「利」につながっていくということがあります。

現代は「義」が衰退し、「利」が勝ってきた時代です。普通に人間がする行いは、たいてい「利」が優先されています。「義」は社会ルールなどを学び、信用で成り立っていることがわからないと身につきません。

だからこそ、昔の日本は子ども時代から「義」を大切にするために、「義理」や「恩義」という言葉をよく使ったり、名前に入れて観念を刷り込んだのかもしれません。「義子」や「義一」という名前がとてもポピュラーなものだったように、「義」の意識や、論語に出てくる有名な言葉が、暮らしの中に根づいていました。

「利」にこだわると、友達をなくす

「義」を基本にして行動すると、トラブルなどの沈静化が速くなります。逆に「利」にこだわりすぎると、トラブルが起きたときに相手を激怒させる。自分の利益ばかりを主張していると、他の人は不愉快になるからです。

たとえば、すでに約束があるのに、もっと条件のいい話がきてしまったとき。修正できる期間であれば柔軟に修正すればいいのですが、すべてが動き出しているのにわがままを通すと、ガッシャーンと関係が壊れます。

これをやってしまう学生は、結構います。あらかじめ行くと決まっていた実習で、全部用意されているのに、突然当日になって「他の会社の面接が入ってしまいました」とキャンセルしてしまう。あるいは、勝手に休んでしまうのです。

「義」を通す人は、約束事があらかじめ決まっているのなら、自分にとって多少利益になることが後からきても、それを排除する、というのが当たり前のルールです。しかし、そ

○

義＞利

信用が得られ、
大きな仕事にも
つながる

×

義＜利

どんどん信用を
失い、人も仕事も
離れていく

筋を通すことは、信頼につながる

ういう発想ができない学生が多くなっています。

「利」を優先させることにためらいがない人が、増えてきている。「義」という言葉が、それだけ衰退しているということでしょう。「義」と言うと、義理とか恩義と重くとられてしまいがちですが、わかりやすく言えば、社会ルールや筋道のことです。「筋道を通すならどっち？」と聞かれたら、誰だってわかること。筋を通して行動したほうが、かえっていろいろなことがうまくいくのです。

長い人生、筋を通して生きていく。柔軟性を持って筋を通していけばいいのです。自分の利益を優先させることが、あちこちで見えてしまっている人は、友人関係でも「ちょっとどうなの？」と言われてしまいます。

みんなでワリカンにするときも、少し多め

に出しておくと、いい関係を築けるもの。反対に、幹事なのに儲けていることがわかると、周囲は不愉快な気持ちになります。

人は意外なほど、相手がどのくらい「利」にこだわっているかを鋭く見ています。そうやって見られていることを、意識したほうがいいでしょう。

正しいやめどき

止《や》むは吾が止むなり。……進むは吾が往《ゆ》くなり。（子罕第九の一九）

――やめてしまうとすれば、それは自分がやめたのだ。……それは自分が一歩進んだということだ。

選ぶのはあなた自身

山を作ることについて、孔子が語っています。

「あと一盛りするのは自分だし、そこでやめてしまうのも自分である。土地をならすとき、あと一回ならすのは自分だし、そこでやめるのも自分だ」

いずれにしても、すべては自分のやったことで、自分の責任だという思いを持つことが大切だという話です。

「今日は雨が降ったから」とか「今日は暑いから」とか「今日は時間がないから」と言ってやめてしまう人もいるし、どんな状況であってもやめずに続ける人もいます。

かつてアントニオ猪木が、ジャイアント馬場と一緒に力道山から指導を受けたとき、

「ヒンズースクワットが一番イヤだった」と語っていました。〝あと一回〟という思いが何度もわいてきてしまうのだそうです。

たとえば五三四回目のとき〝もう限界〟と思うけれど「あと一回できないか」と言われると五三五回目ができる。そこで限界だと思っても、また次の一回ができてしまう。ヒンズースクワットは、ちょっとかがんで立ち上がるだけなので、それができてしまうのです。

何が試されるかというと「おまえがやめたんだろう」ということ。心が弱いからやめてしまうと思われる。つまり、やめどきがないのです。山本小鉄もそれに倣い、若手を鍛えるのに「自分は千回やったぞ」と言ってヒンズースクワットをさせていました。一見地味なものというのは、意外に心を鍛える要素があるのです。

やめるには覚悟が必要

仕事にも、同じようなケースがあります。

たとえば「アイディアの試案を三つ作れ」と言われたとき、あと一つ、あと一押しをしてもう一個作る。そうしたら、また作りたくなって、数が増える。それらをプレゼンテーションに持っていくと、ついでにもう一個の気持ちで作ったほうが取り上げられることもよくあります。

「もうちょっと」「もう一回」というのが積み重なって、ものすごく大きな差になってい

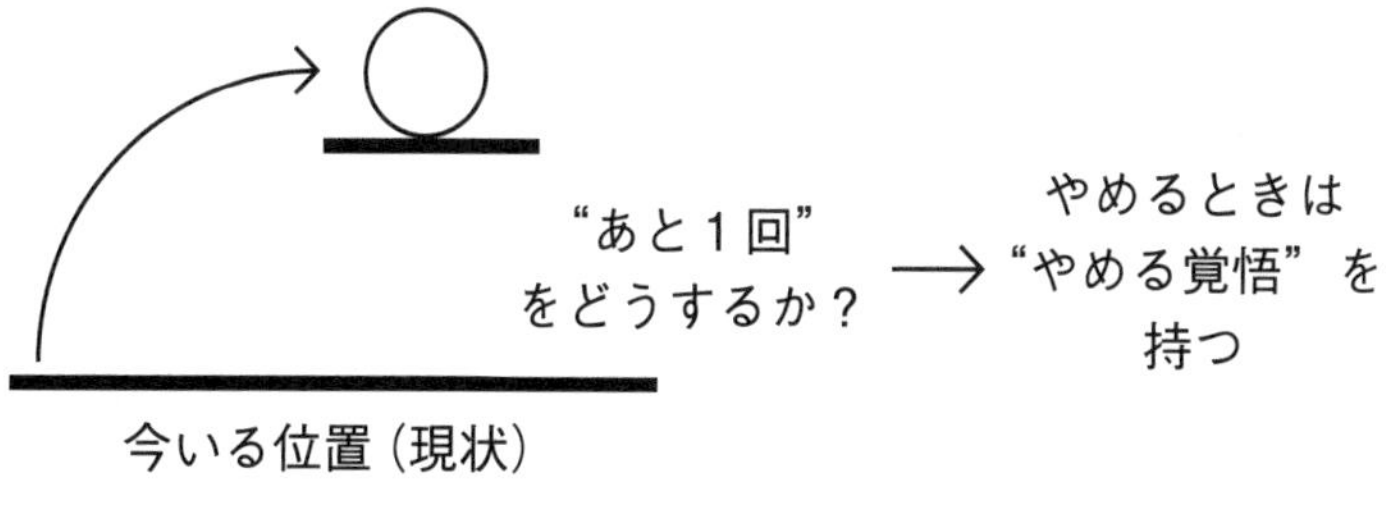

決めるのは、いつも自分自身

きます。だから、自分がやめるときは、自らの覚悟を持ってやめなければいけない。人のせい、他のもののせいにしてはいけない。すべては自分が最終的に判断することです。

自分が選びとったものは、覚悟して引き受けなければなりません。一番よくないのは、〝なんとなく選ばされた〟とか〝こういう状況だから仕方なく流された〟という気持ちです。孔子の考えは「自分の未来は、不条理な状況の中でも自分が選択して生きている」という、実存主義の考えにも通じるところがあります。

「止むは吾が止むなり。進むは吾が往くなり」

この二つをセットにして、心にいつも持っていると、自分への覚悟が決まってきます。

正しい「個」の作り方

二三子《にさんし》、我れを以て隠せりと為すか。吾れは爾に隠すこと無し。吾れ行うとして二三子と与《とも》にせざる者なし。是れ丘《きゅう》なり。（述而第七の二三）

――諸君は、私が隠し事をしていると思うか。私は隠し事などしない。私の行動はすべて諸君とともにある。これが、私、丘なのだ。

未熟さをさらけ出そう

「丘」というのは、孔子が「私」を指して言う言葉です。

個というものは、できるだけ自分が浸食されぬよう、ディフェンスするイメージで考えていると、不自由になってしまいます。むしろ、人に隠し事をしないで自由にふるまっているとき、個は発揮できるものです。

私の属する明治大学のキャッチフレーズは、「個を強くする大学」ですが、ここに流れるイメージは「切磋琢磨して自分をさらけ出すことによって強くなろう」というもの。未熟さを裸になってさらけ出し、厳しさの中にさらしていくことで得るものがあるのです。

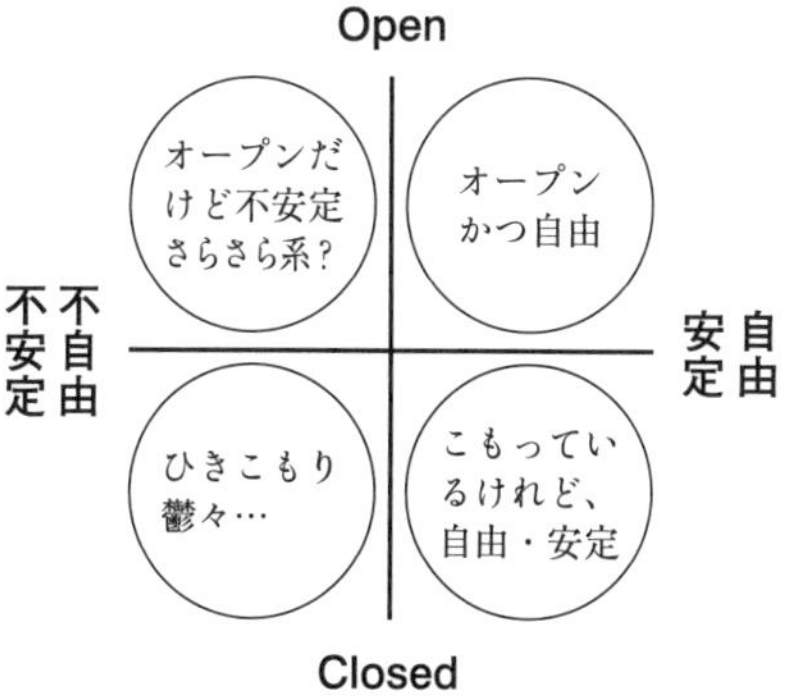

浸食されない限り“個”は伸びない。
隠したりせず、オープンに！

様々なものに触れるたびに、自分の知らない世界は開かれていきます。そして〝自分はこのままじゃいけない〟というエネルギーがどんどん積み重なっていく。そうなってこそ、個は強くなっていけるものだと思います。

「個」と「プライベート」とは違います。ここで言う「個」は、社会的な個の在り方。社会の中で強い個を作る必要があるのです。

それに対し、プライベートというのは、自分が浸食されないサンクチュアリのようなもの。大学で授業を受けてアルバイトに行き、仲のいい人とネットやメールをしているだけでは、サンクチュアリから出られません。ネットを閉じてしまえば聖域は保てるし、ネットの中でも聖域的な空間を維持することはできるからです。

また、音楽を聴くというのは、閉じた空間

を作りやすくなります。よい悪いは別にして、閉じられた空間で自分が落ち着いていられる。音楽が必須の時代になり、誰もが常にアイポッドなどで音楽を聴き、電車の中にもプライベートな空間を持ち込んでいます。

そうではない「個」を作るためには、隠し立てしないオープンさが必要です。しかし、今の大学生にとっては、これが非常に疲れるようです。最初の授業で私は、自分の好きなことや趣味などをオープンに語り、それに対してオープンな質問をするという練習をします。初対面同士でやるのは非常にくたびれる。それでも学生たちは、練習していくうち、だんだんに心身ともにオープンになっていきます。

孔子は、弟子たちと生活をともにしていました。ディスカッションどころか全部を見られているため、本当に隠すところはありません。でも、くそ真面目かというとそういうわけでもなく、音楽好きの一面もあります。

「ずっと音楽をやっていたら、肉の味を忘れるほど没頭してしまったよ」というエピソードもあるくらいです。孔子はオープンで、しかも自由で安定しています。

無理難題が心をオープンにする

孔子のように、自由で安定している人もいれば、クローズドにしたほうが自由を感じる人もいるでしょう。また、オープンだけれど心が不安定な人もいるし、閉じこもって鬱々としている人もいます。座標軸で考えると、オープンかつ自由な人が、もっとも社会的に成熟していると言えるでしょう。

オープンな自由さというのは、みんなと一緒に行動することで生まれてきます。たとえば、泊まりがけでどこかに行くことや、昔で言うと「徹マン」のようなこと。徹夜でマージャンをした仲間というのは、気心が知れて十年二十年経っても絆が強いものです。夜を徹するというのは意外に大事で、泊まりがけでどこかへ行き、明け方まで語り合って最後は倒れて寝る、というような経験も、心をとてもオープンにします。

また、非合理的な環境が一つのきっかけとなることもあります。たとえば私は、教師の立場でありながら、学生に無理難題を出すのが好きです。

「来週までに、この三人で『罪と罰』のコントを考えてくるように」

そうすると、「え？　どうする」となって、必死で考える。翌週になってみると、その三人が仲良くなっているのです。無理難題を押しつけられたら、結束しなければなりません。それを課せられた人同士、心をオープンにするきっかけができます。一人でできてしまうことや、普通にできてしまうことなら、心をさらけ出す必要はありません。そのあたりの「追い込まれた状況」や「わーっ！」という切羽詰まった状況。今までのやり方では通用しないときというのが、逆にチャンスなのです。

た。

正しい「個」の保ち方

諾《だく》。吾れ将《まさ》に仕えんとす。（陽貨第十七の一）

――「承知しました。私もいずれお仕えしましょう」と、角の立たない答えで受け流された。

上手にその場をやり過ごす

陽貨という人が「孔子に会いたい」とやってきました。しかし、孔子はあまり陽貨が好きではないため、会おうとしません。そこで陽貨は、孔子に豚を贈りました。

孔子は陽貨の留守をみはからってお礼の挨拶に出向きますが、途中で待ち伏せされて出会ってしまいます。陽貨が言いました。

「国が乱れているというのに、このまま放っておいていいのですか。私に仕えなさい」

そこで孔子が答えたのが、この言葉です。

「はい、いまにお仕えしましょう」

このようなとき、「私の主義主張はあなたとは相容れない」などと言って断ることもできますが、それではまるで子どものようです。だから嫌いな人に対しては、「はい、いずれ」と上手にかわしている。しかし、仕える気はゼロです。本心を言っても仕方ない、という判断があるのでしょう。

孔子は「求める人のところに行きたい」と常々語っていますが、相手のことは見ています。気が合わない人や考えが合わない人とは一緒にいない、というのが根底にあるからです。合わない人とは無理に一緒にいないというのも、一つの知恵です。

十代の若い頃は、年々友達が増えるようなイメージがありますが、年を重ねていくと、人生を一緒に過ごす人は、そう多くはないとだんだんわかってきます。そして、気分よくつきあえる人が少しいればいい、と考えるようになります。

知り合いとは、うまく社交ができればいい。社交力がある程度身につくと、傷つくことが少なくなります。社交力が身を守るからです。

孔子はそういう意味では、非常に社交力がある人でした。陽貨というのは権力者ですから、下手なことを言えば怨まれてしまいます。だから「はい、お仕えしましょう」と、社交辞令を言う。陽貨は陽貨で豚を贈ったりする。

これは社交力の戦いです。社交力があれば、苦手な人も上手にかわしつつ、好きな人とは距離を縮めることができます。そして、適度な社交力は、自分の孤独感をまぎらわすこともできるのです。

適度な社交と一人の時間

孤独感に関しては、自分である程度の処理をしなければなりません。

最近私は「禅スイミング」というのを開発しました。〝速く泳ごう〟とか〝長く泳ごう〟とか思わず、ただ浮かんで手足をちゃぷちゃぷちゃぷと動かし、プールの床のタイルだけを見て泳ぐ。そうすると、独特の禅の境地に入っていくのです。

禅では「今」だけを感じて、先のことを考えません。すると結果として、長く泳げるようになりました。あまり先のことを考えるとハーハー息切れしてしまう。でも、考えないからいつまでも泳げます。そうやって一人で泳いでいる時間は、内側から充電される気がします。

一人でいる時間に消耗してしまう人は、「孤独で、メールがこないと寂しくて」などと言います。そうではなく、一人でいるからこそ満ちてくる。一人でいるからこそ充電できるというのが、禅なのです。

このように、自分なりの禅的気分を味わって学んでおくと、寂しさからくる不安に襲われないようになります。他には、一日に三人から五人くらいの人に会い、適度な社交をすれば、バランスのとれた生活になるでしょう。

若いときには互いの家に泊まり合うような濃いつきあいがいいと思いますが、あまり濃

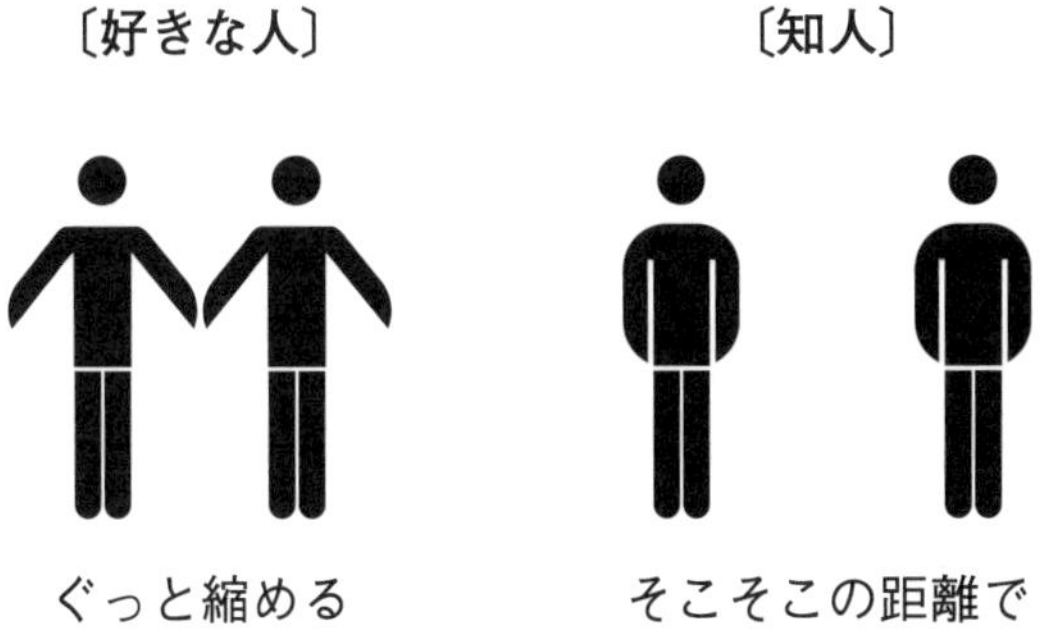

社交力が身を守る！

すぎても疲れてきます。家族のいる人は毎日誰かが一緒にいるし、しかも家族と気が合うとは限りません。それでも一緒にいるのは一種の修行。家庭を持つ人は、それだけで頑張っているので、後は一人の時間を充実させて、ほどほどの社交があればいいのです。

孔子の周囲には弟子がたくさんいましたが、本当のところは孤独だったかもしれません。「我を知るものは天のみか」というようなところもあったでしょう。

天を上におき、自分一人になって充実した時を過ごす。何があっても天があるという感覚を静かに受け止めれば、一人で泳ぐとか、一人で楽器を演奏するとか、一人で絵を描くことができるようになります。「これがあるから寂しくない」というものが一つあれば、存在の不安感からも逃れられるようになるでしょう。

他人との距離感が近く、ストーカー気味になってしまう人は、自分の存在の不安を、相手に無理やり押しつけてしまうところがあります。こういう人は、恋愛でも失敗しやすい。自分が不安定だからと相手にとことん行ってしまうのではなく、自分の充実した時間を過ごせる人になってほしいと思います。

明治大学の「個を強くする」というキャッチフレーズは、なかなかいい言葉ですが、個が強く、しなやかで充実していると、余裕を持って社交ができます。依存心や、相手への過剰な期待も少なくなっていきます。

人生というのは、一人で生まれて一人で死んでいくもの。孤独に対する心の整理は早めにつけておくほうがいい。寂しさはつきものですが、体を動かしたり、絵を描いていたりすると、その寂しさはまぎれます。

ビートたけしさんは、「絵を描くことがあってよかった」と言っていました。かつて、事件を起こして仕事ができなくなったとき、絵を描いてるときだけはすべてを忘れ、その世界に入り込めた。そして精神的に救われたのだと話していました。これこそ、正しい個の保ち方だと思います。

おわりに――論語は人生の処方箋

「正直者がバカをみる時代になったのではないか」

そんな不安が、この国を覆い始めています。格差社会という言葉もそれを裏付けるようなものだし、真面目にやっているのにちっとも報われない、と思っている人もたくさんいます。かと思えば、「濡れ手で粟」のように儲ける人もいて、そういう話を聞くとさらにげんなりした気分に包まれます。自分がバカをみているのではないかという疑いは、社会への信頼感を失うと同時に自分の今までの生き方に対しても不信感を生んでしまいます。その悪循環には、何一つよいことがありません。

もともと日本は、正直者がとても多い国でした。正直者というのは、「学び続ける者」と言い換えてもいいでしょう。「言ってはいけないことまで、バカ正直に言う」ことではありません。「嘘をつかない」というレベルを超えて、しっかり学び続け、良心にしたがって真面目に生きている人を正直者だとすると、日本の正直者率は非常に高かったのです。

なぜなら、明治の始め頃までの日本は農業人国がとても高く、九十パーセント以上が農業に携わっていたからです。米作りというのは、種をまき、田植えをし、草取りをして、真面目に続けなければできません。しかも、彼らは体を使うことを厭いませんでした。

今だって日本人は生真面目だし、約束は守るし、様々な練習を一生懸命にやる。それらは国際的にも認められているところです。しかし、そういう人たちがバカをみずに生きられているかというと、それはまた別問題です。

この本では、正直者とはどういうものか、「正しい○○」という形で吟味していきました。「正しい心配」「正しい失敗」「正しいチャレンジ」「正しいモテ方」……。一つ一つを孔子の視点で照らしてみると、本当の正しさや、本当の正直者について、こういうことだったのか、と目を開かされます。

「正しい」とは、「唯一の正解」という意味ではありません。その事柄の本質を見きわめられるかどうかです。本質を見きわめるのは、孔子がもっとも得意としていること。それを私たちの日常にひきつけて考えると、具体的なヒントが得られます。

人の心は天気のように移ろいやすいもの。しかしこの本に記したように、ワザ化して身につけていくと、心が安定していきます。「正しい心配」「正しい失敗」「正しい部下とのつきあい方」などがワザになり、自分の体の一部になれば、ブレが少なくなりバカをみることも少なくなっていくのです。

若い人たちは、普段から友達と携帯電話でつながっていることが、心の支えかもしれません。それは大切なことですが、同世代間のコミュニケーションだけでは、バランスよく生きるのは難しい。人生というのは、その場その場で中庸を見いだしつつ、バランスよく生きることが大切です。そういうバランス感覚は年長者が長けているものですが、今の時代は年長者のアドバイスが非常に欠けています。

年長者の言葉は、経験値の集積です。年長者が「これはこういうものだ」と語ったことは、正しいほうが多いのです。中でも経験値が高く、若い人の気持ちもある程度わかって、情熱も実績もある人からアドバイスをもらうのが、一番いい。お父さんやおじいさんでもいいのですが、ここは思い切った年長者をセレクトしてみよう……というわけで、孔子の出番です。

二五〇〇年前から人々に年長者として尊敬されていた孔子は、年長者中の年長者。キングオブ年長者、と言ってもいいでしょう。孔子は年長者でありながら、若々しい精神を持ち合わせています。人生を見渡し大きなスパンで考える哲学も持っています。

三十にして立つ、四十にして惑わず、五十にして天命を知る、六十にして耳順う――というように、一つ一つステップを上がりながら、経験を積み重ねていく。論語には、経験値が増えていくことを応援する言葉がたくさんあります。段階を追って成熟していくことが、人生の一つの目標になります。

また孔子は「一以てこれを貫く」と言いましたが、一つのことを貫く生き方は、アイデンティティを保つ方法でもあります。アイデンティティとは、自分の中で本質的に変わらない部分であり、人生で何かが起きるたびに一つずつ獲得して撚糸《よりいと》のように増えていくものです。

自分の心の内側だけでなく、社会でどういう役割を担っているのかを合わせ、撚糸がいくつも重なることで、充実した人生になっていく。途中でポキンと折れたりしない、経験がしなやかに折り重なる生き方をしなければなりません。そのよりどころとなる場所を、言葉として持つことが大事だと思うのです。

論語の言葉は、自分がどんな心理状態にあろうとも、変化しません。この人とつきあうかどうか迷ったとき、甘い儲け話がやってきたとき、仕事のできない部下や、話を聞いてくれない上司と出会ったとき、この本にある言葉をつぶやいてみてください。

論語は、孔子がふと漏らしたつぶやきです。そのつぶやきを弟子たちが残してきた、歴史的にも貴重なツイッターです。今度は私たちが、孔子のつぶやきを自分たちのつぶやきに変えていく番です。

一回つぶやいてダメなら、十回つぶやいてみましょう。十回でもダメなら、百回つぶやいてみましょう。すると、その言葉は自分の心を支える礎石となっていきます。

人生は、簡単なものではありません。誰だって不運なときはあるし、心に風邪をひくこともある。そんなときつぶやくと、免疫力が強くなっていくのが、論語の言葉だと思います。

多少の不運があっても、それを飲み込んで次のステップに行く。どんなときにも誠実さや誠意を持った生き方を貫いていく。そうすれば、最終的には不運であったとしても、それはバカをみたという感想にはならないはずです。

〝自分は自分の生き方を貫いた〟〝人との信頼関係も得られた〟〝有形無形の満足感が得られた〟――そう思える人生を、論語とともに歩んでほしいと思います。

この本が形になるにあたっては、菅聖子さんとウェッジの山本泰代さんに貴重な御助力をいただきました。お二人のおかげで、孔子の言葉を「現代の正しい心ガイド」に変換することができたと思います。ありがとうございました。

二〇一一年三月

齋藤 孝

図解 論語――正直者がバカをみない生き方

2011年4月30日 第1刷発行
2024年7月16日 第11刷発行

著 者 齋藤《さいとう》 孝《たかし》
発行者 江尻 良
発行所 株式会社ウェッジ
〒101-0052
東京都千代田区神田小川町1-3-1
NBF小川町ビルディング3階
電 話：03-5280-0528
FAX：03-5217-2661
https://www.wedge.co.jp
振 替：00160-2-410636

ブックデザイン 横須賀 拓
DTP組版 株式会社リリーフ・システムズ
印刷・製本所 TOPPANクロレ株式会社

ISBN 978-4-86310-083-1 C0095
定価はカバーに表示してあります。
乱丁本・落丁本は小社にてお取り替えします。